ORGANIZAR EL INFIERNO

Miguel Peraita Ugarte

Organizar el infierno

© Del texto: Miguel Peraita Ugarte
© De la imagen de cubierta: Miguel Peraita Ugarte
© De esta edición: NPQ Editores 2025
www.npqeditores.com

Primera edición: agosto, 2025

Impreso en España

PEFC

Los papeles que usamos son ecológicos, libres de cloro y proceden de bosques gestionados de manera eficiente.

ISBN: 979-13-87868-11-6
Depósito legal: V-3288-2025

ORGANIZAR EL INFIERNO

Miguel Peraita Ugarte

A mi hermano Santiago, con el que, aunque con visiones diferentes, pude vivir, si no todo, gran parte de lo que aquí se cuenta.

Lo que pasa es que me obstino en la inaudita idea de que el hombre ha sido creado para otra cosa.

Julio Cortázar

Lasciate ogni speranza, voi ch'entrate.
'Abandonad toda esperanza, quienes
aquí entráis'.

DANTE ALIGHIERI

ÍNDICE

Organizar el infierno

1. ARQUEOLOGÍA DEL PODER

Prólogo

Este ensayo propone un viaje por los territorios del poder, la traición y el castigo. Un recorrido que va desde las copas de los árboles donde los chimpancés organizan sus jerarquías hasta las estructuras complejas de las empresas modernas, pasando por los códigos de la mafia y el Infierno de Dante.

¿Qué nos dice el comportamiento de los primates sobre nuestra forma de gobernar? ¿Qué conexiones existen entre un capo mafioso, un CEO, un macho alfa y un demonio castigador? ¿Por qué repetimos ciertos patrones de organización y exclusión, incluso en sistemas que consideramos avanzados o civilizados?

Inspirado en autores como Frans de Waal, Foucault, Maquiavelo, Dante, Mary Louise Webber, y apoyado en lecturas contemporáneas del mundo organizacional y simbólico, este ensayo busca responder esas preguntas desde una mirada crítica, literaria y transversal.

No se trata solo de entender cómo funciona el poder. Se trata de preguntarnos por qué seguimos atrapados en su lógica... y qué posibilidades tenemos de reinventarla.

Introducción. El poder, el pecado y la jerarquía

El ejercicio del poder y su legitimación han sido objeto de reflexión desde las primeras formas organizativas de la vida humana. Sin embargo, el poder no es un fenómeno exclusivamente humano. A través del estudio comparado de distintos sistemas de jerarquía —desde comunidades animales hasta estructuras político-sociales— es posible identificar una lógica constante: donde hay poder, hay control; donde hay control, hay transgresión; y donde hay transgresión, se institucionaliza el castigo.

Este capítulo introductorio explora la noción de poder como fenómeno transversal a las organizaciones biológicas, sociales y simbólicas, tomando como ejes el análisis de Michel Foucault sobre la biopolítica y el castigo, el pensamiento de Mary Louise Webber en torno a la autoridad organizacional, las observaciones etológicas de Frans de Waal sobre el comportamiento jerárquico de los primates y la teología moral de Dante Alighieri expresada en la *Divina comedia*, especialmente en su *Infierno*. El objetivo es establecer una cartografía conceptual que permita vincular estructuras tan disímiles como una familia mafiosa, una junta directiva o una comunidad de chimpancés, desde la óptica del poder, el pecado y el castigo.

El poder como estructura invisible pero eficaz

Michel Foucault propone una ruptura radical con la concepción tradicional del poder como algo que se «posee» y se ejerce desde arriba. En lugar de eso, plantea que el poder es una red de relaciones que atraviesa el cuerpo social y se manifiesta en múltiples direcciones. Es, en sus palabras, «una acción sobre acciones posibles». El poder no reprime simplemente: configura, moldea, orienta y produce subjetividades. Esto implica que su ejercicio es más eficaz cuanto menos visible, cuanto más naturalizado esté en las prácticas y discursos cotidianos.

Este planteamiento encuentra un eco relevante en las dinámicas organizacionales descritas por Mary Louise Webber. Según la autora, las instituciones modernas (empresas, burocracias) sostienen su estructura de poder no solo a través de la jerarquía explícita y los organigramas, también mediante formas simbólicas de legitimación: el lenguaje institucional, los rituales de evaluación, los premios y castigos velados, la ubicación espacial. Todo ello constituye un andamiaje disciplinario que hace que la obediencia no se perciba como imposición, sino como sentido común.

En el reino animal, Frans de Waal ofrece una perspectiva paralela al describir el comportamiento jerárquico de los chimpancés. En sus investigaciones, muestra cómo el poder en las comunidades de primates no se basa exclusivamente en la fuerza bruta. El macho alfa más exitoso no es necesariamente el más fuerte, sino el que sabe negociar alianzas, intervenir en conflictos, gestionar la ira del grupo y exhibir conductas «altruistas» estratégicas. Es un líder emocional, un administrador del consenso, cuya autoridad depende tanto del temor como del reconocimiento. Como diría De Waal: «La política no es un invento humano».

El pecado como disrupción del orden jerárquico

En la *Divina comedia*, Dante Alighieri estructura el Infierno como una arquitectura moral rigurosamente organizada. Cada círculo representa una categoría específica de pecado, ordenadas según su gravedad desde una perspectiva teológica, así como desde una lógica política y social. El pecado no es solo una transgresión individual: es una amenaza al orden cósmico, una fractura en la jerarquía establecida por Dios.

A los pecadores que desestabilizan el tejido social se les castiga con mayor severidad. La traición, por ejemplo, ocupa el círculo más profundo del Infierno, por debajo incluso del asesinato. Esto revela una concepción del pecado en términos de estructura: lo más intolerable no es la violencia física, sino la ruptura del lazo de confianza que sostiene la comunidad. Judas Iscariote, Bruto y Casio —traidores a Cristo y a César— son devorados eternamente por Lucifer en el centro del Infierno, como expresión última de esta lógica.

Este principio se refleja también en estructuras contemporáneas de poder, como la mafia. La *omertà*, o código del silencio, es más que una norma funcional: es el cemento simbólico del grupo. Traicionar la *omertà* equivale a quebrar el pacto fundacional, y por eso se castiga con la muerte. La disrupción del orden jerárquico —ya sea en el Infierno, en un clan mafioso o en una empresa— exige una respuesta ejemplar.

El castigo como restauración ritual

A lo largo de la historia, el castigo ha funcionado no solo como disuasión, sino como ritual de restauración del equilibrio. Desde las culturas antiguas hasta los modernos sistemas judiciales, la sanción impuesta al transgresor tiene una función simbólica: purgar la falta, reconstituir el orden, cerrar la herida abierta por el delito.

En los chimpancés, se observan mecanismos similares. Cuando un individuo rompe las reglas implícitas de convivencia —por ejemplo, agrediendo sin causa justificada o interrumpiendo una jerarquía estable— puede ser objeto de castigo colectivo. El grupo lo aísla, lo agrede o lo margina. Estos comportamientos sancionadores, más que buscar la eliminación del infractor, persiguen su reintegración simbólica a través de la purga del error.

En la mafia, esta lógica es aún más explícita. El castigo suele ser ceremonial: un asesinato puede ser anunciado, presenciado y comentado como acto de justicia interna. Del mismo modo, en las organizaciones empresariales, el despido o degradación del empleado «problemático» se convierte en un acto ejemplificador. No importa tanto la sanción en sí como el mensaje que transmite. Consiste en mostrar que el sistema tiene capacidad de autodepurarse, que el orden puede restablecerse.

La figura del traidor y del mentiroso

Entre todos los pecadores del Infierno de Dante, los traidores reciben el castigo más severo. No se trata solo de un castigo moral o espiritual, sino de una condena política: el traidor rompe el pacto social. En el noveno círculo del Infierno —el lago helado de Cocito—, los traidores están congelados, inmóviles, mudos. Ya no hay fuego, no hay gritos: solo el silencio del exilio absoluto. El hielo simboliza la ruptura de la comunidad, la ausencia total de afecto y pertenencia.

Este tratamiento resuena con las lógicas contemporáneas del castigo. En la mafia, traicionar implica ser eliminado del relato: el traidor muere y, además, se borra su nombre, se niega su existencia, se castiga también a su familia. En el mundo corporativo, el delator es a menudo silenciado, despedido, marginado. El castigo no necesariamente recae por la falta ética cometida, sino por haber roto la confianza implícita del grupo.

En los chimpancés, los traidores —aquellos que no cumplen con las alianzas pactadas o se alinean con un rival— también enfrentan consecuencias. Son atacados, ignorados, excluidos de la cooperación. La biología nos recuerda que la traición no es solo una construcción moral: es una categoría funcional en los sistemas de poder.

Del mismo modo, al mentiroso —otro gran condenado por Dante— se le castiga con especial rigor por ser un productor de falsedad que desestabiliza el discurso verdadero que sostiene el orden. En las organizaciones humanas, la mentira corporativa es tolerada mientras sirva al poder; pero, cuando se vuelve disfuncional o desenmascarada, el mentiroso se convierte en chivo expiatorio.

Hacia una antropología del poder y del castigo

A partir de estos ejes, este ensayo propone una lectura antropológica del poder que no lo limite a estructuras formales o políticas, sino que lo entienda como una dimensión relacional, simbólica y afectiva. El poder organiza las relaciones entre individuos, define lo permitido y lo castigado, lo visible y lo oculto, lo recordado y lo olvidado.

La conexión entre los sistemas de dominancia de los chimpancés, las redes de lealtad y castigo en la mafia, las estructuras disciplinarias de la empresa y la arquitectura teológica del Infierno dantesco revela que los mecanismos del poder —aunque variados en forma— comparten una lógica común: mantener el orden mediante la amenaza de la exclusión, el dolor o la invisibilización.

El castigo aparece, entonces, como el correlato indispensable del poder. No hay autoridad sin capacidad de sanción. Pero más aún: el castigo cumple funciones simbólicas, narrativas y pedagógicas. El castigo enseña. El castigo cuenta una historia. El castigo organiza la memoria colectiva de lo prohibido.

De lo simbólico a lo estructural

Lo que Dante entendía como pecado, lo que Foucault definía como desviación y lo que De Waal observa como ruptura de la cohesión grupal son expresiones de una misma necesidad: proteger el orden, restaurar el equilibrio, perpetuar la jerarquía. El castigo se convierte así en el lenguaje mediante el cual una organización —animal, mafiosa, empresarial o divina— reafirma su propia existencia.

Este capítulo ha propuesto una mirada amplia, comparativa y transdisciplinaria sobre el poder, el pecado y el castigo. Hemos visto que estos conceptos no pertenecen exclusivamente a una época ni a una disciplina. Son categorías que emergen una y otra vez en los sistemas sociales, desde los primates hasta las culturas humanas más complejas, con variaciones en sus formas, pero con similitudes profundas en su lógica.

En los capítulos siguientes, se aplicará esta estructura conceptual a contextos específicos. Exploraremos cómo se organiza el poder entre los chimpancés, cómo se ritualiza el castigo en la mafia, cómo se reproduce la jerarquía en la empresa moderna y cómo Dante articula una teología del castigo que sigue resonando en nuestras prácticas disciplinarias contemporáneas. En todos estos casos, la pregunta será siempre la misma: ¿quién tiene el poder de castigar y por qué?

El poder entre chimpancés: dominancia, alianzas y traición

El estudio de las comunidades de chimpancés, nuestros parientes evolutivos más cercanos, ofrece una ventana privilegiada para comprender las raíces biológicas del poder, la jerarquía, la cooperación y la traición. Este capítulo examina cómo se organiza el poder en los grupos de chimpancés, qué mecanismos utilizan para mantener la cohesión y qué ocurre cuando ese equilibrio se rompe.

Al explorar sus dinámicas sociales, observamos que muchas de las estructuras que consideramos exclusivamente humanas —el liderazgo, las alianzas, los castigos y la traición— ya están presentes en estos primates. A través del análisis de casos documentados por primatólogos, se plantea que los chimpancés poseen formas complejas de organización política, emocional y simbólica que sirven como modelo comparativo para comprender nuestros propios sistemas de dominación y exclusión.

Jerarquía y dominancia: el poder como equilibrio inestable

En las comunidades de chimpancés, existe una jerarquía social clara, donde los individuos ocupan posiciones diferenciadas en función de su fuerza, edad, habilidades sociales y capacidad para establecer alianzas. Sin embargo, el liderazgo no es simplemente una cuestión de violencia o supremacía física: el macho alfa que reina por la fuerza bruta tiende a ser derrocado más rápidamente que aquel que sabe gestionar pactos y responder a las necesidades del grupo.

Algunos líderes chimpancés ejercen lo que podríamos llamar una «diplomacia animal». Estos individuos no solo se imponen físicamente, sino que desarrollan estrategias de apaciguamiento,

Organizar el infierno

intervención en conflictos ajenos, cuidado de crías que no son suyas y gestos de afecto hacia otros miembros del grupo. Estas acciones generan un capital que los hace más estables en el poder, «política entre chimpancés».

Así, el poder en estas comunidades es fundamentalmente relacional. Se construye y se sostiene a través de un delicado equilibrio de fuerza, reciprocidad, observación de las normas implícitas y legitimación por parte del colectivo. Cuando un macho dominante pierde aliados o comete errores que rompen la confianza del grupo, su caída puede ser repentina y violenta.

Alianzas y reciprocidad: la base del poder social

Uno de los pilares fundamentales de la organización social entre los chimpancés es la formación de alianzas. Estas relaciones no son simples asociaciones oportunistas, sino vínculos duraderos basados en la reciprocidad, el *grooming* (acicalamiento), el apoyo en conflictos y la cooperación en momentos estratégicos. Como se ha podido documentar, los chimpancés que no cuentan con aliados tienen muy pocas posibilidades de alcanzar o mantener posiciones de liderazgo.

Estos pactos funcionan como redes de poder informal, similares a los *lobbies* políticos o las «roscas» empresariales humanas. Dos machos de menor fuerza física pueden unirse para debilitar a un macho dominante, aprovechando un momento de vulnerabilidad para derrocarlo. De igual manera, un macho envejecido puede mantener su estatus a través de lealtades construidas durante años, incluso cuando su capacidad de combate ha disminuido.

En este contexto, la capacidad de «leer» el estado emocional de los otros, predecir sus reacciones y coordinar acciones colectivas se vuelve una habilidad crucial. Estas alianzas no son meramente funcionales: se fundan en vínculos afectivos genuinos, y su ruptura puede causar desequilibrio, aislamiento o castigo.

Traición y ruptura del pacto grupal

Las alianzas, sin embargo, no siempre son estables. Cuando un individuo decide cambiar de bando, negar apoyo en un conflicto clave o actuar en beneficio propio contra la coalición que lo sostiene, se produce lo que podríamos llamar traición. Aunque los chimpancés no poseen lenguaje verbal, sus conductas indican con claridad cuándo una norma ha sido transgredida y quién ha roto un pacto tácito.

La traición en este contexto es más que una estrategia de supervivencia: es una amenaza al equilibrio del grupo. En muchos casos, la respuesta es inmediata: el traidor es agredido, perseguido, marginado o directamente expulsado. La reacción colectiva no solo tiene una función defensiva, sino también simbólica. La comunidad necesita restaurar la confianza quebrada y demostrar que el orden aún tiene sentido.

Este tipo de comportamiento resuena con la lógica dantesca del castigo a los traidores. En el noveno círculo del Infierno, Dante castiga con el frío y el silencio a quienes rompieron los vínculos más sagrados: la familia, la patria, el benefactor. En las comunidades de chimpancés, aunque no haya infiernos literarios, la exclusión social —el «congelamiento» tácito— tiene efectos tan devastadores como el castigo físico.

Infanticidio: violencia estructural y reconfiguración del poder

Uno de los aspectos más controvertidos y perturbadores del comportamiento chimpancé es el infanticidio. Aunque desde una óptica humana puede parecer un acto cruel e irracional, en el marco de la lógica evolutiva del poder tiene una función estructural. El infanticidio, por lo general, ocurre cuando un macho ajeno a la paternidad de una cría logra desplazar al anterior macho dominante. Al eliminar a las crías lactantes, las hembras vuelven a entrar en celo y el nuevo macho tiene la oportunidad de reproducirse y perpetuar su línea genética.

Este acto violento reconfigura la estructura del grupo: reorganiza las alianzas, altera las jerarquías y obliga a las hembras a replantear sus estrategias de reproducción y protección. Algunas hembras forman coaliciones defensivas, mientras que otras optan por «seducir» al nuevo macho dominante para proteger a sus futuras crías.

Desde esta perspectiva, el infanticidio puede leerse como una forma extrema de castigo colectivo: la nueva autoridad purga al grupo de los signos del poder anterior, como si borrar a las crías fuera necesario para imponer un orden distinto. Esta lógica recuerda a ciertos episodios históricos y políticos humanos en los que el régimen vencedor elimina no solo a los opositores, sino también a sus herederos o símbolos de continuidad.

El castigo como mecanismo de cohesión grupal

En los grupos de chimpancés, el castigo no siempre es violento. A menudo, se expresa mediante el aislamiento o la exclusión de ciertas actividades colectivas. Estos gestos pueden parecer menores, pero tienen un impacto profundo. Un chimpancé marginado experimenta ansiedad, estrés y disminución de su estatus social, lo que se traduce en dificultades para acceder a recursos o aliados.

Este castigo no institucionalizado funciona como una forma de pedagogía social. El grupo, sin la obligación de reglas escritas, enseña a través de la exclusión qué comportamientos son aceptables y cuáles no. Así, se mantiene la cohesión interna sin la necesidad de un «juez» central o un aparato de coerción permanente.

Este tipo de castigo encuentra su correlato en estructuras humanas como las empresas o las mafias, donde el poder se manifiesta no solo a través de sanciones explícitas, sino mediante mecanismos más sutiles: el silencio, la invisibilización, la negación del reconocimiento.

Lo político como continuidad biológica

El estudio del comportamiento social de los chimpancés nos permite ver que muchas de las categorías que solemos atribuir exclusivamente a la cultura —liderazgo, jerarquía, lealtad, traición, castigo— tienen raíces evolutivas profundas. Estas conductas no solo organizan la vida en grupo, sino que configuran una forma de política antes del lenguaje y de la ley escrita.

El poder, como se ha visto, es una construcción relacional que se negocia y se sanciona. En los chimpancés, como en los humanos, el castigo educa y estructura, mostrando que incluso en comunidades no humanas existe un complejo sistema de normas, transgresiones y sanciones que organiza la vida colectiva.

En el próximo capítulo, exploraremos cómo estas mismas lógicas operan en un contexto humano particularmente intenso y simbólicamente cargado: la mafia. Allí, la figura del Don y el castigo ritualizado dan continuidad a una arquitectura de poder tan antigua como la violencia y tan sofisticada como la política.

La mafia: lealtad, traición y códigos de honor

La mafia, entendida no solo como una organización criminal sino como un orden propio, presenta una de las estructuras de poder más cohesionadas, ritualizadas y emocionalmente intensas del mundo humano. En este capítulo se analizará cómo el poder se organiza en torno a la figura del Don, cómo se articula la lealtad como valor fundacional, cómo se castiga la traición como pecado máximo y cómo estos elementos encuentran ecos en las dinámicas estudiadas previamente en los primates y en los círculos del Infierno de Dante.

Se integrarán aquí las lecturas de autores como J. Talens, que ve en *El padrino* una mitología del patriarcado simbólico; de Vladimir Zárate Alva, quien subraya la función casi sacerdotal del Don; y del propio Maquiavelo, cuyas ideas sobre el poder pragmático dialogan con la racionalidad mafiosa.

El Don como figura sagrada: entre el capo y el pater familias

La figura del Don, especialmente en la representación de Vito Corleone en *El padrino*, encarna una doble dimensión del poder: por un lado, la autoridad mafiosa que se impone por el miedo, la violencia y el control territorial; por otro, el padre que cuida, protege y distribuye justicia en un mundo donde el Estado ha fallado.

Como sostiene J. Talens, Vito Corleone es más que un simple criminal; es una figura casi arquetípica del patriarca antiguo. Su poder se basa tanto en la palabra como en el silencio; tanto en la amenaza velada como en el gesto de piedad. Su autoridad no proviene solo de la violencia, sino de la capacidad de generar deuda simbólica: el que ha recibido un favor del Don está ligado a él para siempre. No hay contrato legal, pero hay un compromiso de honor.

Este modelo se diferencia del liderazgo empresarial por su carácter afectivo, emocional y tribal. El Don no necesita justificar sus decisiones: su sola presencia establece el orden. Su palabra es ley, y su justicia —aunque a menudo brutal— es vista como legítima. Como diría Maquiavelo, «es mejor ser temido que amado, si no se puede ser ambas cosas».

El pecado de la traición y la restauración del orden

En la mafia, como en el Infierno de Dante, la traición ocupa el lugar más bajo y despreciable del orden simbólico. Traicionar no significa solo delatar: es romper un pacto sagrado, una lealtad no escrita pero inquebrantable. La *omertà*, el código del silencio, actúa como frontera moral: quien la quebranta se convierte, además de en enemigo, en espectro, en excomulgado del sistema simbólico.

La respuesta a la traición no es negociable. El castigo es definitivo, ejemplar y ritualizado. No se trata únicamente de eliminar al traidor, sino de restaurar la confianza del grupo y reafirmar el poder del Don. El castigo es a la vez purga y espectáculo, justicia y pedagogía. Talens sugiere que la mafia se constituye como una forma arcaica de soberanía que aún cree en la eficacia simbólica del castigo ritual.

Este tipo de lógica encuentra su paralelo perfecto en el noveno círculo del Infierno, donde Dante condena a los traidores al hielo eterno. No hay calor, no hay perdón, no hay salida. La traición destruye el vínculo que sostiene la comunidad y, por tanto, no puede ser rehabilitada. En la mafia, el traidor debe desaparecer del cuerpo y del recuerdo: su nombre no se menciona, su existencia se niega.

Fredo Corleone: el infierno del fratricidio

Uno de los momentos más dolorosos y simbólicamente densos de la saga *El padrino* es el asesinato de Fredo Corleone por orden de su propio hermano, Michael. Fredo no es un villano. Su traición es torpe, casi infantil. Pero ha quebrado la unidad de la familia, ha expuesto la fragilidad del Don, ha puesto en peligro el equilibrio del imperio Corleone.

Michael, al decretar su muerte, asume el rol de juez, verdugo y restaurador del orden. El castigo, sin embargo, tiene un precio. Al eliminar a su hermano, Michael se distancia del legado de Vito, pierde su alma, se convierte en un soberano sin amor. Michael no hereda el poder de su padre: lo pervierte. Su justicia es fría, calculadora, sin compasión.

El asesinato de Fredo es un acto dantesco: fratricidio y traición se cruzan en un castigo que congela todos los afectos. Como en el lago helado de Cocito, lo que se rompe no es solo la vida, sino el lazo que hacía posible la comunidad. Michael se convierte, de esta manera, en un nuevo Lucifer: aislado, poderoso y condenado a la soledad.

La lógica del castigo ejemplar

El castigo, en el mundo mafioso, no se limita a sancionar. Es, sobre todo, un acto comunicativo. Cada muerte, cada desaparición, cada exilio silencioso transmite un mensaje claro a los miembros del grupo: la estructura es más importante que el individuo. La estabilidad del poder requiere sacrificios, y el castigo actúa como recordatorio permanente de los límites de la autonomía.

El castigo moderno, aunque más sutil, conserva esta lógica de visibilización: sancionar es hacer visible la transgresión y, a través de ella, reafirmar la norma. En la mafia, donde no existe un sistema legal formal, el castigo necesita teatralidad. El cuerpo del traidor —presente o ausente— funciona como símbolo, como advertencia, como frontera entre lo permitido y lo prohibido.

En este sentido, el castigo mafioso no es un acto arbitrario. Es una forma de narrativa, una pedagogía moral que define lo que debe temerse, lo que debe respetarse y lo que jamás debe hacerse. Y al igual que en Dante, no se trata solo de justicia, sino de orden: mantener el equilibrio simbólico del mundo.

Códigos de honor y poder simbólico

A diferencia de otras formas de poder más institucionalizadas, la mafia se sostiene en gran medida por el honor, una categoría moral que escapa a la racionalidad jurídica. El honor no se compra ni se impone: se construye mediante el cumplimiento de promesas, la protección de los débiles del grupo y la coherencia entre palabra y acción.

El Don, en este sentido, es una figura casi sacerdotal. Más que en el uso de la fuerza, su poder se basa en la percepción de que él encarna el bien del grupo. La comunidad lo legitima porque él actúa como mediador entre el caos y el orden. Su autoridad es, en gran parte, simbólica: representa el ideal al que todos deben aspirar.

Este código de honor se transmite por medio de relatos, gestos y rituales. No es casual que la mafia esté llena de signos, silencios, fórmulas, ritos solemnes. En este universo, la palabra empeñada tiene más valor que un contrato legal. Y romper esa palabra implica, como en el Infierno de Dante, entrar en el dominio de los condenados.

La mafia como teología del poder

El análisis del poder en la mafia revela una estructura simbólica tan compleja como la de cualquier religión o sistema político. La lealtad actúa como fe, el Don como figura divina, el castigo como acto sagrado. El pecado supremo es la traición, y la redención es casi imposible. En este mundo, el poder se conserva no solo con armas, sino con relatos, rituales y castigos que legitiman cada decisión del líder.

La mafia comparte lógicas profundas con las comunidades de primates y con las arquitecturas del castigo en Dante. La diferencia es que aquí todo es más teatral, más humano, más trágico. En el siguiente capítulo, el ensayo se traslada a un entorno aparentemente distinto, pero simbólicamente emparentado: la empresa moderna. Allí también encontraremos jerarquías, castigos, mentiras y traiciones, aunque envueltas en el lenguaje de la eficiencia y la motivación.

El mundo corporativo: la empresa como infierno moderno

Desde la revolución industrial hasta la era digital, la empresa se ha transformado en una de las instituciones más influyentes y omnipresentes de la sociedad actual. A menudo se presenta como un espacio de innovación, crecimiento personal y meritocracia. Sin embargo, bajo esta apariencia subsiste una lógica disciplinaria que estructura jerarquías rígidas, administra sanciones simbólicas y reproduce mecanismos de exclusión y vigilancia dignos de una arquitectura infernal.

Este capítulo analiza el mundo corporativo como una forma moderna del Infierno, retomando la lógica dantesca del castigo proporcional al pecado, pero traducida al lenguaje de la productividad, los indicadores de rendimiento y las narrativas motivacionales. Utilizando conceptos de estudios organizacionales contemporáneos y la lectura metafórica Dante, se argumenta que la empresa moderna es una máquina moral que castiga al improductivo y al insurrecto con una precisión casi celestial.

Jerarquía empresarial: el nuevo feudalismo

Las empresas modernas, a pesar de sus discursos de horizontalidad, flexibilidad y trabajo en equipo, mantienen estructuras jerárquicas profundamente marcadas. Desde la división piramidal de cargos hasta la distribución del espacio físico (pisos superiores para directivos, cubículos para operativos), todo en la empresa comunica jerarquía.

Estas jerarquías no son solo funcionales. Se construyen también a través de símbolos: el lenguaje, el vestuario, los privilegios de movilidad o de voz. El jefe no se limita a mandar: representa. Su posición lo convierte en portavoz de la cultura corporativa, en vigilante de la conducta laboral, en administrador del castigo. En este sentido, se asemeja a una figura sacerdotal o dantesca: juez, guía y, a veces, verdugo.

Así, la empresa configura una arquitectura gestual que recuerda al Infierno: hay espacios de prestigio y otros de castigo, zonas de tránsito y de condena silenciosa, promociones que se ofrecen como redención y sanciones que simulan justicia.

El pecado corporativo: improductividad, disidencia y deslealtad

En el universo corporativo, el pecado no se define en términos morales tradicionales, sino en términos de funcionalidad. El trabajador peca cuando no rinde, cuando cuestiona la cultura organizacional, cuando denuncia irregularidades o simplemente no se adapta a las exigencias de la «familia corporativa».

El disidente, el cínico, el que «no encaja», se convierte en una figura incómoda. No es necesario despedirlo de inmediato: basta con relegarlo, negarle oportunidades, excluirlo de reuniones estratégicas. El castigo en la empresa moderna es frecuentemente silencioso, lo que lo hace más eficaz y difícil de resistir. Como en el Infierno dantesco, cada transgresión encuentra su castigo específico, adaptado a la falta.

El traidor, en este contexto, es el delator ético que expone la hipocresía o la corrupción institucional. Aunque se lo celebre en discursos públicos, en la práctica es perseguido, aislado y condenado a un exilio profesional. Su pecado no es mentir, sino romper el pacto implícito de silencio. Así como en la mafia y en Dante, el mayor crimen, por encima del error, es la traición al orden.

La mentira como tecnología de gestión

La mentira institucionalizada es una de las herramientas más eficaces del poder corporativo. Más allá de falsedades puntuales, se trata de construcciones discursivas sistemáticas que permiten ocultar la violencia bajo el lenguaje del crecimiento, la explotación bajo la etiqueta del desafío y el agotamiento bajo el nombre de pasión.

Los valores institucionales —innovación, respeto, colaboración— son frecuentemente eslóganes vacíos que no se aplican simétricamente. La meritocracia se invoca para justificar la desigualdad, el compromiso se exige sin reciprocidad y la cultura empresarial se convierte en una forma de ideología que bloquea el pensamiento crítico.

Como es sabido, el poder no se impone solo desde fuera: se interioriza. El trabajador aprende a autovigilarse, a juzgarse por sus indicadores, a culpabilizarse por sus fracasos. En esta lógica, la mentira corporativa no busca engañar al otro; persigue moldear el yo. Es una mentira que produce verdad: la del empleado ideal, del jefe visionario, del liderazgo «inspirador».

Organizar el infierno

El infierno silencioso: agotamiento y cinismo

El castigo más extendido en las empresas modernas no es físico ni visible, sino psicológico y progresivo. Se manifiesta en forma de agotamiento emocional y mental, desmotivación crónica, ansiedad laboral y cinismo organizacional. El empleado que no se ajusta, que no alcanza los indicadores, que no sonríe lo suficiente en las reuniones es lentamente marginado, desactivado emocionalmente y arrojado al limbo profesional.

Este infierno no se impone desde fuera: se vive desde dentro. El trabajador se culpa por su inadecuación, asume su exclusión como fracaso personal y termina por desertar voluntariamente. Como en los círculos del Infierno de Dante, donde los condenados repiten su pecado por toda la eternidad, el empleado atrapado en rutinas sin sentido queda condenado a una espiral de rendimiento sin propósito.

El castigo se vuelve más eficaz cuanto menos se nombra. El sistema no necesita gritar: basta con que el silencio, la falta de reconocimiento y la invisibilidad hagan su trabajo. La sanción moderna, como advertía Foucault, es un «derecho de muerte simbólica»: no elimina al cuerpo, pero anula la subjetividad.

El liderazgo como figura sagrada

En esta arquitectura, el líder corporativo asume un rol análogo al de un semidiós dantesco. Es el juez, el salvador, el que promueve o expulsa, el que puede redimir con una palabra. Su carisma, su lenguaje y su estética están cuidadosamente construidos para inspirar obediencia emocional. Se lo presenta como un visionario, un guía, alguien que no solo dirige, sino que «transforma».

Este tipo de liderazgo, sin embargo, es profundamente unidireccional. El jefe moderno no es cuestionado: es seguido. Su poder se legitima por resultados, no por procedimientos éticos.

Y cuando fracasa, suele ser exonerado, reciclado o protegido, mientras que los subordinados asumen la culpa del sistema.

El líder dantesco es aquel que se sitúa entre Dios y los condenados: distribuye castigos, ofrece promesas de redención y asegura que el sistema siga funcionando. En la empresa, el CEO o alto directivo cumple una función simbólica semejante. Y, como en el Infierno, muchas veces su autoridad se mantiene gracias al miedo, no al mérito.

La empresa como maquinaria moral

Como hemos intentado mostrar, la empresa moderna, lejos de ser un espacio neutro de productividad, es una institución moral que clasifica, sanciona y premia a sus miembros en función de una ética implícita. La eficiencia sustituye a la virtud, la lealtad reemplaza a la honestidad y el castigo simbólico toma el lugar de la corrección explícita.

El infierno empresarial no necesita fuego ni demonios: le basta con una hoja de Excel, una métrica de desempeño, un correo que nunca llega. En este sentido, la lógica del castigo sigue operando, igual que en Dante, como una pedagogía del orden. Y, como en el Infierno, la posibilidad de redención existe, pero exige un descenso doloroso, una conciencia crítica y una transformación radical de la mirada.

En el siguiente capítulo, se retomará directamente la figura de Dante y su arquitectura del castigo para indagar más a fondo en la dimensión ética, espacial y política del Infierno, como modelo que sigue iluminando nuestras formas modernas de justicia, exclusión y condena.

Dante y la lógica del castigo

El Infierno de Dante Alighieri, contenido en la primera parte de su monumental *Divina comedia*, es mucho más que una construcción religiosa: es una arquitectura del poder moral. Su estructura no responde al azar, sino a una lógica rigurosa en la que cada pecado ocupa un lugar preciso y cada castigo es proporcional —o contrastante— al daño producido. Nos proponemos explorar cómo esa arquitectura dantesca del castigo ofrece una herramienta potente para pensar las formas actuales del poder, la exclusión y la sanción.

Se dialogará aquí con tres estudios contemporáneos clave: *La lógica de lo monstruoso* de Eduardo Pérez Díaz, *Facilis descensus averno* de Marta Ramírez Alonso y *Más allá de la comedia* de Sebastián Saldarriaga Trejos. Todos ellos, desde distintas perspectivas, conciben el Infierno como un sistema político, ético y espacial que aún interpela nuestras sociedades.

El Infierno como sistema racional de exclusión

A diferencia de otras representaciones medievales del castigo, el Infierno de Dante es profundamente racional. No es un caos de tormentos, sino un orden perfecto. Cada círculo alberga un tipo específico de pecado, y se castiga a los pecadores de forma coherente con su falta: los lujuriosos son arrastrados por vientos eternos, los avaros cargan pesos inservibles, a los herejes los encierran en sepulcros ardientes.

Este orden infernal puede leerse como un modelo de exclusión sistemática. El Infierno funciona como una gran cárcel donde cada sujeto es clasificado, narrado y fijado en su identidad para siempre. No hay posibilidad de cambio: el castigo es también una forma de archivo eterno.

Esta lógica encuentra resonancias en los sistemas actuales de justicia, educación o empresa, donde los sujetos son nombrados por sus errores y definidos por su falta. El pecador dantesco es, en muchos sentidos, precursor del «infractor» moderno: objeto de vigilancia, corrección o desaparición.

El castigo como reflejo: la ley del *contrapasso*

Una de las claves interpretativas del Infierno dantesco es la ley del *contrapasso*, que consiste en castigar a cada pecador mediante una pena que refleja, prolonga o invierte su pecado. El castigo no es arbitrario: es pedagógico. Los adivinos, que quisieron ver el futuro, están condenados a caminar con la cabeza girada hacia atrás; los hipócritas, que brillaban por fuera pero estaban vacíos por dentro, llevan capas de plomo dorado.

Esta lógica convierte el Infierno en una «pedagogía del dolor»: el sufrimiento físico encarna una lección moral, transforma el cuerpo en texto, en aviso, en advertencia para los vivos. El castigo narra y modela.

En los sistemas contemporáneos, esta lógica se repite. Al trabajador que desafía el liderazgo se le reubica en un puesto sin visibilidad; al delator se le silencia; al incompetente se le carga de tareas absurdas hasta quebrarse. El *contrapasso* ya no necesita demonios: le basta con una organización funcional, con un Excel bien calibrado.

La traición como pecado supremo

Dante reserva el último y más temido círculo del Infierno para los traidores. A diferencia de los círculos anteriores, donde predomina el fuego, el noveno círculo —Cocito— está hecho de hielo. Allí, los traidores están inmovilizados, congelados, incapaces de hablar. El hielo simboliza la ruptura del lazo humano: donde no hay confianza, no hay calor.

Esta elección es profundamente política. La traición no es solo una falta personal: es un crimen contra el vínculo social, contra la estructura que permite la vida colectiva. Por eso, traicionar a la patria, a la familia o al benefactor es más grave que asesinar o robar: destruye la comunidad desde dentro.

Este principio se ve reflejado en organizaciones humanas como la mafia o la empresa, donde la traición al grupo —y no necesariamente la ilegalidad— es lo que se sanciona con mayor severidad. En ese sentido, el traidor no es solo un enemigo: es un espectro, una figura que amenaza la estabilidad del sistema. Su castigo, entonces, es simbólicamente absoluto: el olvido, la expulsión, la inmovilidad.

El castigo como revelación: producir verdad a través del dolor

En el Infierno de Dante, el castigo no solo tiene una función moral o ejemplarizante. Es también una forma de hacer visible el pecado, de narrarlo, de fijarlo para siempre. Cada pena revela la esencia del pecador, su culpa, su identidad más íntima. En este sentido, el Infierno es además un archivo: un museo de los pecados humanos, donde cada cuerpo castigado es una página abierta.

En las sociedades modernas, el castigo ha pasado de ser un espectáculo sangriento a convertirse en una tecnología de normalización. Pero no por ello ha dejado de producir verdad. Al contrario: la sanción crea al «sujeto culpable», fija etiquetas, define trayectorias, clasifica cuerpos. El castigo no solo reprime: construye subjetividades.

En el universo dantesco, esta producción de verdad es literal: los cuerpos hablan, los tormentos narran, los demonios juzgan. En el mundo contemporáneo, los expedientes, los historiales, las métricas y las sentencias cumplen una función similar. Se castiga para saber quién es el otro, para recordar quién fue, para asegurar que no vuelva a ser.

El Infierno como modelo del poder

El Infierno de Dante no es solo una obra poética o teológica. Es un sistema simbólico que organiza el castigo, distribuye el poder y produce sentido. Cada círculo, cada monstruo, cada pecado forma parte de una pedagogía del orden, donde la sanción no busca únicamente castigar, sino narrar, educar, estabilizar.

El Infierno dantesco sigue vivo en nuestras formas modernas de organización, exclusión y corrección. En las empresas, en la mafia, en la política, en las relaciones personales, encontramos ecos de su estructura: jerarquías, traiciones, penas simbólicas, silencios castigadores. Entender el Infierno es, por tanto, comprender nuestras propias lógicas de castigo.

En el próximo capítulo, se retomarán todos estos hilos —el poder entre primates, el honor mafioso, la lógica empresarial y la justicia divina— para reflexionar sobre una pregunta fundamental: ¿por qué seguimos castigando? ¿Qué revela esta necesidad de castigar sobre nuestra manera de vivir en comunidad?

Conclusión: el eterno retorno del poder y el castigo

Este ensayo ha propuesto un recorrido comparado por distintas formas en que el poder se ejerce, se simboliza y se perpetúa a través del castigo. Desde las dinámicas de dominancia entre chimpancés, pasando por la estructura ritual de la mafia, la lógica disciplinaria de la empresa moderna hasta la arquitectura moral del Infierno de Dante, hemos visto cómo el castigo aparece como la herramienta privilegiada para restaurar, legitimar y asegurar el orden social.

La repetición de ciertos patrones —jerarquías rígidas, sanciones proporcionales o ejemplares, estigmatización del traidor— sugiere que el castigo no es solo una respuesta funcional a la transgresión, sino una forma estructural de organizar la comunidad. El castigo produce verdad, fija identidades, narra relatos. El castigo educa, modela, excluye.

Pero si estos patrones aparecen una y otra vez, ¿es porque el poder los necesita para sostenerse? ¿O es porque, en el fondo, hemos interiorizado el castigo como base de cohesión?

Poder y castigo: una relación estructural

Desde los chimpancés hasta las juntas directivas, el poder se ha mostrado incapaz de prescindir del castigo. La autoridad que no castiga, o no puede castigar, se ve debilitada. El castigo es la garantía simbólica de la soberanía. Ya sea en forma de agresión, marginación, despido o condena eterna, la sanción legitima el ejercicio del poder al demostrar que es capaz de hacer cumplir su voluntad.

Esto no significa que el castigo sea siempre violento o visible. En muchos casos, es administrativo, silencioso. Pero, incluso en esas formas, mantiene su capacidad de trazar fronteras: entre el bueno y el malo, el útil y el inútil, el dentro y el fuera. El castigo es una técnica de normalización que define lo que es posible ser.

El castigo, entonces, no solo reprime la transgresión. Produce al transgresor.

¿Por qué repetimos el castigo?

La persistencia histórica del castigo, en todas sus formas, sugiere que no se trata solo de una herramienta del poder, sino también de una manera de organizar nuestra experiencia moral. Necesitamos al pecador para afirmar nuestra inocencia; al castigado, para confirmar que el sistema funciona. En ese sentido, el castigo no solo responde al crimen: lo anticipa, lo fabrica, lo necesita.

Incluso en las sociedades más laicas y liberales, la lógica dantesca persiste: el mentiroso debe arder, el corrupto debe ser expuesto, el traidor debe ser silenciado. No basta con corregir: hay que castigar. Esta necesidad se debe a una economía del orden simbólico. El castigo da sentido. Es la ceremonia final de la infracción, el acto que clausura el escándalo.

Por eso, el castigo no desaparece cuando cambian las leyes. Se transforma. Ya no se quema al hereje: se le ridiculiza en redes sociales. Ya no se destierra al disidente: se le despide en silencio.

Ya no se ejecuta al traidor: se le congela en el aislamiento digital o afectivo. El Infierno muta, pero no cesa.

¿Es posible imaginar otra lógica?

Pese a esta repetición histórica, hay quienes se resisten a esta lógica del castigo. La justicia restaurativa, las pedagogías críticas, los modelos de liderazgo cooperativo o las comunidades basadas en la confianza mutua ofrecen alternativas. No buscan negar el conflicto ni la transgresión, sino transformar la respuesta.

Imaginar un mundo sin castigo no es imaginar un mundo sin consecuencias. Es pensar en consecuencias que no reproduzcan la violencia, que no perpetúen la exclusión, que no congelen al otro en una identidad punitiva. Como muestra Dante en su Purgatorio y su Paraíso, el castigo no tiene por qué ser eterno. Puede ser tránsito, transformación, aprendizaje.

Pero para eso es indispensable desmontar las estructuras sintácticas que hacen del castigo el único lenguaje posible del poder. Es necesario abrir otras narrativas, otras arquitecturas, otras formas de comunidad.

El infierno que llevamos dentro

El poder y el castigo no están solo fuera, en las instituciones, en los liderazgos, en las reglas. Están también dentro de nosotros: en nuestra manera de juzgar, de recordar, de excluir. Cada vez que condenamos sin escuchar, que rechazamos sin comprender, que castigamos para reafirmarnos, estamos replicando el Infierno.

Heredamos más de nuestros primates de lo que quisiéramos admitir. Dante lo mostró hace siglos: el Infierno está hecho a imagen del alma humana. Este ensayo ha intentado iluminar esas repeticiones, esas resonancias, esos ecos. Porque tal vez, si somos capaces de ver nuestro Infierno, también podamos empezar a salir de él.

Epílogo. El infierno no está fuera

Nuestro recorrido ha dejado en evidencia que el castigo no es una práctica aislada del pasado ni una herramienta limitada a regímenes autoritarios. Muy por el contrario, hemos visto cómo está presente en la biología, en la cultura, en el lenguaje organizacional y en las arquitecturas más sofisticadas. El castigo estructura el mundo. Es una gramática de la exclusión que atraviesa las especies y los siglos.

Dante no inventó el castigo: lo sistematizó. Dio forma visible a un orden que ya estaba implícito en la tradición judeocristiana, pero también en la política de su tiempo. Su Infierno no es una fantasía, sino una pedagogía. Enseña mediante el dolor, ordena mediante la humillación, clasifica mediante el sufrimiento. Aunque lo que sorprende es cuánto de esa lógica sigue presente en nuestras formas modernas de gestionar el orden.

Las organizaciones actuales, particularmente las empresas, han reemplazado el látigo por métricas, el fuego por indicadores de desempeño y el exilio por la obsolescencia programada del trabajador. Ya no se castiga públicamente: se invisibiliza al disidente, se margina al improductivo, se silencia al que denuncia. Esta es la forma moderna del Infierno: sin gritos, sin sangre, pero con una eficacia simbólica devastadora.

Frente a esta lógica punitiva, existe una visión radicalmente opuesta. «La empresa viviente» sostiene que las empresas que sobreviven no son las más agresivas ni las más eficientes; son las más adaptables. Estas organizaciones funcionan como seres vivos: aprenden, se regeneran, toleran la diferencia. En lugar de castigar al que piensa distinto, lo integran como parte de su sistema inmunológico.

La empresa tolerante es aquella que reconoce el valor de la diversidad, del error, del conflicto. No necesita purgar al diferente para mantenerse estable: aprende de él. Este enfoque no niega la exigencia de normas ni de mecanismos de corrección, pero sí impugna la lógica binaria de castigo o exclusión. Frente al castigo ejemplar, propone la reflexión compartida. Frente a la traición, sugiere la interpretación.

Esta metáfora biológica permite repensar no solo la organización empresarial, sino la comunidad en general. ¿Qué tipo de sociedad queremos construir? ¿Una que congela al disidente en el hielo simbólico o una que incorpora la disidencia como señal de alarma? ¿Una que necesita rituales de purga para sentirse pura o una que convive con lo diferente sin dramatizarlo?

Volver a Dante con esta pregunta nos permite releer su Infierno más que como un destino inevitable, como una advertencia. El Infierno no es un lugar: es una estructura. Está en cada institución que responde a la falta con violencia, a la diferencia con rechazo, a la crítica con silencio. Y está en cada uno de nosotros cuando elegimos el castigo como respuesta automática al error.

Salir del Infierno, entonces, no es abandonar una teología; es cambiar de lógica. Implica dejar de ver el castigo como única herramienta de orden. Supone imaginar otras formas de poder, otras narrativas de justicia, otras pedagogías. La justicia restaurativa, la educación emocional, los liderazgos horizontales son apenas ejemplos de estas alternativas.

Pero, para abrir ese horizonte, es necesario entender por qué castigamos. Y, sobre todo, por qué seguimos creyendo que sin castigo no hay comunidad. Tal vez el desafío sea, en lugar de abolir la sanción, desacralizarla. Quitarle su aura de inevitabilidad. Comprender que el orden también puede sostenerse desde la escucha, la adaptación y el cuidado mutuo.

La empresa entendida como ser vivo nos ofrece una hoja de ruta. Nos dice que vivir más tiempo —sobrevivir como grupo— depende de saber convivir con la imperfección, no de eliminar a los desviados. Y eso no es solo una estrategia empresarial: es una ética política, una postura antropológica, una apuesta por la complejidad.

Si hasta aquí hemos tenido algún propósito, es este: mostrar que el poder no necesita del Infierno para mantenerse. Que el castigo no es una ley natural. Que podemos —si queremos— construir estructuras donde el error no sea pecado, donde la crítica no sea traición y donde la comunidad no se defina por lo que excluye, sino por lo que tolera.

El Infierno está en todas partes. Pero también lo está la posibilidad de salir de él.

2. SUCESIÓN: DEL TRONO AL INFIERNO

Del trono al infierno: sucesión, pecado y castigo desde *El padrino* hasta los primates y Dante

Introducción

La sucesión del poder, tanto en estructuras familiares, organizaciones empresariales o comunidades animales, implica tensiones, decisiones morales e inevitables consecuencias. En la trilogía cinematográfica de *El padrino*, basada en la novela de Mario Puzo y dirigida por Francis Ford Coppola, se muestra de forma notable el tránsito del poder dentro de una familia mafiosa, revelando cómo los lazos de sangre, la capacidad de liderazgo y el peso del pecado se entrelazan en la selección de un sucesor. Este ensayo propone una lectura comparada entre la sucesión del poder en *El padrino*, los mecanismos de liderazgo entre chimpancés, los dilemas comunes en la empresa familiar y los castigos ejemplares de los orgullosos y traidores según la *Divina comedia* de Dante. Analizaremos las tensiones entre legitimidad, carisma, tradición, poder y culpa. Este abordaje multidisciplinario revela que, más allá del contexto, la lucha por el poder y su transmisión es una constante humana y universal profundamente arraigada en la naturaleza de las personas y en sus estructuras sociales y simbólicas.

La tragedia del sucesor en *El padrino*

La saga de *El padrino* se articula como una tragedia familiar donde el poder se hereda con sangre y se paga con alma. Michael

Corleone, inicialmente alejado del negocio familiar, se ve obligado a asumir el liderazgo tras la muerte de su hermano Sonny y el deterioro de su padre Vito. El pecado central de Michael, el asesinato de su hermano Fredo, marca un punto de no retorno en su caída moral. Aunque busca la redención en *El padrino III*, intentando legitimar los negocios de la familia y reconciliarse con su pasado, la estructura del poder que perpetúa acaba consumiendo a su propia hija Mary. La decisión final de nombrar a Vincent, su sobrino e hijo ilegítimo de Sonny, como su sucesor refleja la imposibilidad de romper el ciclo de violencia: Michael transfiere el poder, pero no la redención.

Esta elección de Vincent resulta especialmente significativa si se considera que Michael tenía un hijo, Anthony, quien voluntariamente decide apartarse del negocio familiar para seguir una carrera artística. Esta decisión refuerza la tensión entre los lazos de sangre y la vocación individual. Vincent representa el carisma, la lealtad y la eficacia, aunque no tenga una legitimidad directa en términos genealógicos. Su promoción como nuevo Don evidencia que, en situaciones críticas, el poder se transfiere no solo por derecho, sino por necesidad.

En este contexto, la figura paterna se revela como el eje de cohesión y legitimidad. Vito Corleone es el patriarca arquetípico: justo, temido, protector. Su palabra tiene fuerza normativa y su autoridad se sostiene tanto en el respeto como en la tradición. Cuando Michael asume ese rol, lo hace desde la racionalidad y el control, pero sin el capital emblemático que acompañaba a su padre. El vacío emocional que deja la muerte de Vito nunca se llena completamente. La figura paterna en la familia —sea biológica o institucional— actúa como garante de la unidad. Su ausencia o debilitamiento abre paso a disputas, traiciones y manipulaciones.

La empresa familiar: entre sangre y competencia

En el ámbito de la empresa familiar, la sucesión suele presentar un dilema similar al de la familia Corleone: ¿heredará el hijo primogénito o quien esté más capacitado? Max Weber distingue tres tipos de dominación legítima: la tradicional, la racional-legal y la carismática. En muchas familias empresarias, el liderazgo se asigna por tradición, esperando que los hijos continúen el legado. Sin embargo, en contextos de competencia y crisis, puede optarse por el modelo racional-legal: elegir al más competente, aunque no sea el heredero directo. Vincent, en *El padrino III*, es el sobrino de Michael y no su hijo; es hijo bastardo de Sonny, sin derecho tradicional al liderazgo. Aun así, su carisma y efectividad lo convierten en el elegido. Así, Michael prioriza la capacidad sobre la filiación directa, como haría un empresario pragmático.

Esta decisión es comparable con lo que ocurre en muchas empresas familiares donde el sucesor natural no tiene el interés o la habilidad para liderar, lo que obliga al patriarca a buscar alternativas entre otros miembros de la familia extensa o incluso entre ejecutivos externos. La figura de Vincent, con su carácter impulsivo heredado de Sonny pero equilibrado por el temple de Michael, se convierte en la síntesis ideal para mantener la continuidad del «negocio familiar». Esta situación plantea una cuestión central en la transición del poder: ¿es preferible la persistencia dinástica o la sostenibilidad operativa?

Desde la perspectiva de Maquiavelo, expresada en *El príncipe*, el arte de conservar el poder requiere una mezcla de virtud (*virtù*) y fortuna. El sucesor ideal no solo debe tener las cualidades del gobernante eficaz —determinación, audacia, inteligencia política—, sino también la habilidad de adaptarse a las circunstancias y consolidar su autoridad mediante alianzas y decisiones oportunas, incluso si estas desafían la moral convencional. En este sentido, la elección de Vincent responde a una lógica maquiavélica: Michael reconoce en él la capacidad para proteger los intereses de la familia a través de métodos expeditivos, sin quedar paralizado por el dilema moral. Maquiavelo también advierte sobre los aduladores y traidores que rodean al poder: figuras como Fredo o ciertos consejeros internos representan ese peligro constante para la estabilidad sucesoria. Por tanto, el éxito del traspaso del poder depende, además de la elección correcta del heredero, de su capacidad para anticipar y neutralizar las amenazas internas, incluso con crueldad si fuera necesario.

Sin embargo, en el proceso de sucesión aparecen también los mentirosos: aquellos miembros de la familia o del entorno que, mediante la manipulación, el engaño o la simulación, intentan influir en la designación del heredero o socavar la autoridad del líder. En *El padrino*, figuras como Fredo, con su debilidad y traición, y otros consejeros desleales representan esa amenaza interna que desestabiliza el orden y acelera el conflicto. En la empresa familiar, estos actores pueden encarnar a parientes que fingen lealtad, empleados que buscan escalar por vías informales o socios que instrumentalizan el afecto para obtener poder. El mentiroso introduce ruido en la sucesión porque confunde los criterios de legitimidad: no se presenta como rival directo, sino como intermediario, víctima o consejero. Su castigo, como en Dante, puede ser el ostracismo, la pérdida de confianza o la exclusión definitiva.

Chimpancés y poder: biopolítica en la selva
La dinámica del liderazgo entre chimpancés es como una combinación de fuerza, alianzas y carisma. El macho alfa no se sostiene

solo por la violencia, también por su habilidad para construir coaliciones, apaciguar conflictos y mantener el favor de los miembros clave del grupo. Esta forma del poder fluido y pragmático se asemeja al de Vito Corleone, quien lidera con una mezcla de respeto, temor y negociación. La transición del poder entre los chimpancés puede ser violenta, pero también estratégica, implicando pactos temporales y diferentes maneras de vigilancia.

Michel Foucault, en su análisis sobre las sociedades disciplinarias, entiende el poder como una red de relaciones que se ejerce más que se posee. En la figura de Michael, el poder opera de forma difusa pero constante: no está en el acto violento, sino en la decisión que delega, en la orden transmitida por Connie, en el silencio que condiciona. Este tipo de poder foucaultiano también se refleja en los sistemas de control de la empresa familiar, donde la vigilancia, la expectativa y la presión implícita pueden pesar tanto como la autoridad formal. Al igual que entre los primates, el liderazgo humano está atravesado por factores no escritos aunque profundamente internalizados.

Dante y el castigo de los poderosos

En la *Divina comedia*, Dante reserva los círculos más profundos del Infierno para los traidores: aquellos que rompen la confianza familiar, política o divina. Michael, al ordenar la muerte de Fredo, entra simbólicamente en ese territorio. Su expiación es incompleta, pues, aunque busca redención, sus actos siguen siendo medidos por la lógica del poder. La muerte de Mary es el castigo supremo: no muere Michael, lo hace su descendencia, su legado. Como los orgullosos y los ambiciosos que Dante condena, Michael cae no por falta de visión, sino por querer controlar el destino sin renunciar al poder.

El castigo de Michael se vuelve aún más significativo si se interpreta desde la óptica de la justicia poética: su ambición de purificarse, de legar una estructura limpia y redimida, fracasa en el momento en que consiente una nueva ola de violencia. En la lógica dantesca, no basta con el arrepentimiento superficial: es necesario un cambio radical de acción y voluntad. Michael busca el perdón sin renunciar al trono, lo que lo convierte en una figura trágica condenada al aislamiento.

La sucesión del poder es un drama humano, animal y espiritual. Desde los clanes mafiosos hasta los chimpancés, pasando por las empresas familiares y los infiernos de Dante, los mecanismos de transmisión del liderazgo están marcados por tensiones entre sangre, capacidad y moral. *El padrino* no solo narra una historia de mafiosos, sino una tragedia universal sobre la imposibilidad de heredar el poder sin heredar también el pecado. La pregunta final es, más que quién hereda, qué precio está dispuesto a pagar por recibir el trono sin caer en el infierno. En este recorrido, conceptos como la legitimidad, la vigilancia, la manipulación social y la justicia ética permiten entender que la dinámica del poder trasciende culturas, especies y épocas, revelando su carácter profundamente humano y trágico.

Connie, la guardiana del silencio

Entre las figuras silenciosas que gravitan en torno al poder, la de Connie Corleone es quizá la más enigmática de toda la saga. Introducida en la primera entrega como la hermana menor protegida, víctima de una relación abusiva y del control familiar, su evolución a lo largo de la trilogía la convierte en una pieza clave, especialmente en *El padrino III*. Connie representa el tránsito discreto entre la sumisión y el ejercicio indirecto del poder.

Lo que hace a Connie una figura fascinante es su capacidad para operar en las sombras. No ocupa el centro del escenario, pero lo influye. En la tercera entrega, es ella quien transmite la orden de ejecutar a los enemigos de la familia, una orden que solo

Michael podía autorizar. Sin embargo, él permanece en silencio, delegando el acto y preservando una fachada de legalidad y redención. Connie, en cambio, encarna el sacrificio de esa ambición: se ensucia las manos para proteger el legado, para no permitir que la familia se disuelva. Su autoridad no proviene de la jerarquía formal, sino del conocimiento profundo de las dinámicas internas del poder, del linaje y de la lealtad.

Desde la perspectiva de Foucault, Connie actúa como una extensión del poder difuso que no necesita proclamarse para ejercer control. Es el poder de la vigilancia, de la discreción, de la memoria. Ella sabe, recuerda y decide cuándo actuar. Y como las matriarcas silenciosas en tantas estructuras familiares reales, su influencia es subestimada pero decisiva.

En una familia donde la figura del padre ha sido central y la sucesión se debate entre carisma y sangre, Connie introduce un matiz nuevo: el de la mujer que, sin reclamar un trono, custodia las llaves del templo. En su silencio hay autoridad; en su lealtad, una forma del poder moral que resiste a la corrupción total. Es posible que Connie no sea redimida ni condenada, pero permanece: como testigo, ejecutora y guardiana de una historia que, al final, ya no pertenece solo a los hombres.

Connie y los bonobos: el poder de lo indirecto

Desde la mirada etológica, podríamos ir más allá y trazar un símil entre Connie y las hembras bonobo. A diferencia de los chimpancés, cuya jerarquía es más agresiva y masculina, los bonobos se organizan en torno a redes de cooperación femenina, donde las relaciones sociales se preservan mediante el afecto, la cohesión grupal y la gestión emocional. En estas comunidades, el liderazgo no requiere de exhibición de fuerza, sino de la habilidad para sostener la armonía.

Connie es, en este sentido, una bonobo en un mundo de chimpancés. Aunque no ostenta el poder, lo regula. Su autoridad es

Organizar el infierno

relacional, no coercitiva. Como las hembras bonobo que median conflictos y deciden el acceso a los recursos clave sin imponerse violentamente, Connie actúa con una sutileza que le permite influir sin desatar enfrentamientos abiertos. En ella se sintetiza el arte del control sin confrontación: una forma de sabiduría ancestral que la cultura patriarcal de la mafia no logra visibilizar, pero que no puede ignorar.

Así como los bonobos sostienen la estructura social desde los márgenes visibles del dominio, Connie protege el núcleo emocional y simbólico de la familia. Ella es la que recuerda, la que guarda, la que interpreta el deber más allá del mandato. La que puede decir «sí» sin hablar y ordenar la muerte sin levantar la voz. Su figura encarna una dimensión femenina del poder que no ha sido escrita con mayúsculas, pero que sin duda ha gobernado desde las sombras.

La memoria como poder en la familia

La figura de Connie Corleone nos permite reflexionar sobre una dimensión poco explorada del poder familiar: la memoria. En muchas estructuras familiares, la memoria no es solo un archivo del pasado, se trata de una herramienta activa de influencia. Recordar, en este contexto, más que un acto pasivo, es una forma de intervención.

Connie «es la que recuerda», y ese recuerdo no se limita a lo emocional. Ella guarda secretos, traiciones, gestos de lealtad y deslealtad. Su memoria es una red de significados que interpreta el presente a la luz del pasado. Esta capacidad le otorga un poder silencioso: el de juzgar sin necesidad de declarar, el de influir sin obligación de imponer.

Las relaciones familiares están atravesadas por narrativas compartidas y selectivas. ¿Quién cuenta la historia? ¿Qué se recuerda y qué se olvida? En muchas familias, la figura que recuerda se convierte en la guardiana del relato común. Así, la memoria es poder porque permite decidir qué merece ser castigado, quién ha sido fiel, qué deuda Tácita sigue vigente. En este sentido, Connie es juez sin estrado, historiadora sin archivo visible, conciencia sin voz elevada.

Desde alguna perspectiva, la memoria funciona como un dispositivo de vigilancia. Quien recuerda puede anticipar, condicionar, restringir. La vigilancia no necesita estar escrita cuando se encarna en una figura cuya autoridad proviene de su rol emocional y simbólico. Por eso, Connie puede decir «sí» sin hablar: porque su sola presencia recuerda a los demás lo que está en juego. Puede ordenar la muerte sin levantar la voz: porque su gesto es expresión de una historia compartida donde ya se ha dictado sentencia.

En culturas de tradición oral y familiar, la memoria tiene un valor sagrado. No se trata de repetir hechos, sino de sostener la identidad. En la familia Corleone, donde el nombre, el honor y el pasado definen el destino, la memoria es el hilo que impide que todo se desmorone. Connie representa esa forma de poder que no necesita ni trono ni apellido, porque se asienta en el recuerdo mismo de lo que la familia ha sido, y de lo que nunca debe volver a ser.

Linaje contra especie: el instinto del poder en la familia y la empresa

Una de las ideas más provocadoras expuestas por la etología es que los primates actúan movidos por la protección del linaje, no por la conservación de la especie. En contextos extremos, los machos pueden incluso cometer infanticidio no por crueldad gratuita: para eliminar la descendencia ajena y asegurar la propagación de sus genes. Este principio biológico —crudo pero eficiente—busca la supervivencia de lo que se considera «propio» por encima del bien colectivo.

3. BERTRAN DE BORN Y EL ESPEJO ROTO

Bertran de Born y el espejo roto: hipocresía, sucesión y el castigo del reflejo

En la *Divina comedia* de Dante Alighieri, dentro del Infierno, el poeta describe con crudeza los castigos que sufren las almas condenadas por sus pecados. Dos de los castigos más impactantes se encuentran en el octavo círculo, llamado Malebolge, reservado para los fraudulentos.

Los hipócritas

En la sexta bolsa (*bolgia*) del octavo círculo se encuentran los hipócritas. Dante los describe como almas que caminan lentamente en círculo, con expresiones abatidas. Visten capas brillantes y doradas por fuera, pero su interior está revestido de plomo, haciéndolas increíblemente pesadas. Esta vestimenta simboliza su apariencia engañosa: su exterior aparentaba virtud; en cambio, por dentro estaban corrompidos por la falsedad y el egoísmo. La pesadez del plomo refleja el lastre de su mentira constante, cargada ahora por la eternidad.

«*O frati, i mal vestiti che vedete, | furon ipocriti, e con cappucci | fatti a quel modo, onde a l'esterno offese*». («Oh, hermanos, los mal vestidos que veis fueron hipócritas, y con capuchas hechas de tal modo, dañaban por fuera»).

Con estas palabras, Dante enfatiza que el daño causado por los hipócritas era visible en sus actos públicos, aunque su corrupción nacía del interior. Pese a que su castigo no lo infligen activamente los demonios, sí están bajo la vigilancia de guardianes infernales que aseguran el cumplimiento de su pena eterna.

Los sembradores de discordia

En la novena bolsa del mismo círculo se encuentran los sembradores de discordias: los que provocaron cismas, guerras civiles, divisiones religiosas y escándalos. Su castigo es brutal. Son despedazados por un demonio armado con una espada, que los corta en pedazos según el tipo de discordia que sembraron. Luego, sus cuerpos se regeneran, solo para ser cercenados de nuevo en un ciclo interminable. Entre ellos se encuentra, por ejemplo, Bertran de Born, culpable de haber incitado la rebelión de un hijo contra su padre. La cabeza le cuelga separada del cuerpo, como símbolo del rompimiento que causó. Este demonio ejecutor representa la justicia violenta y perpetua que destroza a quienes desgarraron los lazos humanos más sagrados.

Bertran de Born encarna el arquetipo del instigador de la traición familiar, una de las formas más dolorosas de división. No se trata simplemente de un conflicto político o una lucha de poder: la traición entre padre e hijo implica una fractura en la estructura más íntima del afecto humano. Es la inversión del orden natural del amor y la lealtad, donde el vínculo de sangre, que debería ser refugio y alianza, se convierte en campo de batalla. Al romper este lazo, el traidor, además de herir a otros, subvierte la confianza misma que sostiene la comunidad y la identidad. Por eso, Dante reserva para él un castigo tan gráfico y simbólico: separar la cabeza del cuerpo es separar la razón del alma, como él separó voluntades que debieron permanecer unidas. Su pena no es solo física, es una imagen viva del daño que sembró en la conciencia de los hombres.

«*Così s'osserva in me lo contrapasso*». («Así se cumple en mí la ley del contrapaso».).

Esta línea, pronunciada por el propio Bertran, resume la lógica moral del Infierno de Dante: el contrapaso, o castigo que refleja de manera especular y justa el pecado cometido. En este caso, separar a padre e hijo con su instigación equivale a vivir con la cabeza separada del cuerpo.

Tanto los hipócritas como los sembradores de discordia comparten un rasgo esencial: la voluntad de proyectar una imagen falsa de sí mismos. Esta dinámica puede vincularse con la teoría del espejo de Jacques Lacan, según la cual, el yo se constituye al reconocerse en una imagen idealizada, un reflejo que no corresponde a su ser fragmentado y real. Los hipócritas, al revestirse de virtudes que no poseen, y los sembradores de discordia, al fingir unidad mientras cultivan la ruptura, habitan esta distancia entre lo que son y lo que aparentan ser.

En este sentido, los castigos dantescos funcionan como espejos rotos que devuelven al alma su imagen verdadera ya no idealizada, sino desgarrada. La pesada capa de plomo expone la falsedad del brillo exterior; el cuerpo despedazado de los discordantes refleja la fractura que provocaron. Bertran de Born, que lleva la cabeza separada del cuerpo, es casi un sujeto lacaniano forzado a contemplar su yo dividido. El Infierno, así, no solo castiga: revela. Y lo que revela es el abismo entre la máscara y el rostro, entre el reflejo y la carne.

Esta lógica también puede aplicarse a la sucesión en la empresa familiar. En ese proceso, los que no acceden al poder —hermanos, primos, ramas laterales— muchas veces no solo rechazan al sucesor elegido: además desean simbólicamente «decapitar» tanto al padre como a quien hereda su lugar. Esta pulsión no se expresa siempre de forma explícita, pero puede manifestarse en boicots, rupturas internas, sabotajes velados o luchas de legitimidad.

Como en el caso de Bertran de Born, la figura del heredero se convierte en una prolongación del padre y, al mismo tiempo, en el blanco de una agresión que busca romper el orden impuesto. En lugar de un traspaso armónico, el espejo familiar se resquebraja, revelando viejos resentimientos, disputas de identidad y traiciones larvadas. Este quiebre también responde a una lógica especular: los miembros que no acceden al poder observan en el espejo familiar una imagen de sí mismos que no reconocen como justa o verdadera, pero que aceptan como definitiva. Se ven como secundarios, invisibles o fallidos, y esa imagen —aunque construida desde la exclusión— se convierte en su identidad percibida. Esta aceptación forzada de un reflejo impuesto genera una herida profunda: ya no luchan solo por el poder; luchan por el derecho a redefinir su propio reflejo. Así, el espejo que debía integrar se transforma en un artefacto de alienación. Y en esa fractura simbólica nace el deseo de romperlo todo, incluso a quienes lo sostienen. El resultado puede ser una organización dividida, herida por dentro, en la que el legado —al igual que el cuerpo del sembrador de discordia— queda despedazado y obligado a recomponerse sin cesar.

Apolo, Dionisio y la tragedia de la sucesión

La sucesión familiar puede leerse también como una escena mitológica: la eterna confrontación entre Apolo y Dionisio. Apolo, dios de la luz, el orden, la proporción y la racionalidad, representa al fundador y al heredero formal: los portadores del logos, del legado estructurado, de la visión clara del porvenir. Dionisio, por el contrario, encarna el caos, el deseo, la irrupción de lo incontenible. Es la fuerza de lo reprimido, lo marginal, lo excluido.

Cuando el traspaso de poder no incluye o no reconoce a todos los miembros del sistema, el espíritu dionisíaco se desata. Los no-sucesores, marginados del linaje oficial, no solo reclaman su lugar: quieren derribar el templo, romper la lógica apolínea que los ha dejado fuera. La empresa familiar se convierte entonces en un teatro trágico donde el orden intenta perpetuarse, pero el caos se infiltra desde las grietas invisibles de lo emocional y lo simbólico.

Esta tensión entre Apolo y Dionisio no siempre conduce a la destrucción. No obstante, si no se reconoce ni se canaliza, puede arrastrar a la organización hacia un destino similar al de los condenados de Dante: una historia repetida de fragmentación, traición y castigo que no se puede evitar porque no se quiere mirar.

Una sucesión verdaderamente exitosa no erradica ni reprime a Apolo ni a Dionisio: los integra. El nuevo líder, para sostener el equilibrio de la organización y del vínculo familiar, debe heredar el orden de Apolo —el legado, la estructura, la claridad estratégica—, pero también dar lugar a la energía reprimida de Dionisio: lo emocional, lo inconforme, lo que ha sido históricamente silenciado.

Este acto de integración es profundo. Significa reconocer al «otro» dentro del sistema, incluso si no ocupa la cima jerárquica. Si Apolo prevalece sin Dionisio, el sistema se cristaliza, se vuelve frágil, ciego a su sombra. Si Dionisio irrumpe sin Apolo, estalla en caos, en venganza, en desorden destructivo.

El líder que solo encarna a Apolo parece perfecto, pero su negación del conflicto lo hace vulnerable. El que solo encarna a Dionisio puede ser carismático, aunque, sin estructura, lleva a la implosión. El verdadero arte de suceder está en sostener la forma y canalizar el fuego, sin extinguirlo.

Porque si el nuevo líder no integra ambas fuerzas, la empresa no heredará únicamente bienes o cultura, sino también maldiciones: traiciones larvadas, exclusiones rencorosas, fuerzas dionisíacas agazapadas esperando su hora. La organización quedará atrapada en un ciclo de espejos rotos y reflejos falsos, condenada a repetir su propio infierno: la eterna confrontación entre Apolo y Dionisio.

Acción sin conocimiento: el impulso de los no-sucesores
Entre quienes no son incluidos en el traspaso de poder dentro de la empresa familiar, surge a menudo un fenómeno paradójico:

el impulso de actuar con vehemencia sin haber comprendido la complejidad del sistema. Es una acción irreflexiva nacida no del análisis, sino del resentimiento, del deseo de corrección, del dolor de la exclusión.

Estas figuras marginadas creen ver con claridad el rumbo que debería tomar la empresa, la «verdad» que los demás no ven o no quieren ver. Pero su mirada no se apoya en el conocimiento estructural de la organización ni en la tozuda realidad del mercado. Lo hace en la herida, en la sensación de injusticia y en la necesidad de reivindicación. Así, actúan desde una visión parcial, emocional, fragmentada.

Este tipo de acción sin conocimiento puede tener efectos destructivos: propuestas mal fundamentadas, resistencia sistemática, boicots sutiles o incluso decisiones precipitadas si se les da poder. Y lo más trágico es que muchas veces se hace con la convicción de estar reparando un orden roto, cuando en realidad se profundiza la fractura.

Del mismo modo que en Dante los sembradores de discordia actúan sin conciencia del daño profundo que siembran, en las familias empresarias los no-sucesores que actúan desde el dolor, pero sin entendimiento, pueden convertirse —sin saberlo— en agentes del desgarro. Ni el conocimiento sin acción ni la acción sin conocimiento pueden sostener una herencia viva. Ambas cosas, separadas, son espejos rotos que devuelven solo fragmentos, jamás totalidad.

El Satán de tres cabezas y la falsa Trinidad

En el último círculo del Infierno, Dante representa a Satán como una criatura de tres cabezas, cada una masticando a un gran traidor: Judas, Bruto y Casio. Esta figura monstruosa es una parodia oscura de la Santísima Trinidad: donde Dios une, Satán desgarra. Tres rostros, tres bocas, tres traiciones eternas.

Llevando esta imagen al plano de la empresa familiar, podríamos decir que algunos no-sucesores, al actuar desde la exclusión sin comprensión, pueden convertirse simbólicamente en un «Satán de tres cabezas». No lo hacen con malicia consciente, sino creyendo ser una suerte de Trinidad salvadora. Están convencidos de que ven con claridad lo que debe hacerse, de que representan la justicia, la renovación y la verdad. Pero, en realidad, lo que manifiestan —sin saberlo— es la furia del resentimiento, la fragmentación emocional y el deseo de castigo.

Cada cabeza de este falso trino muerde desde un flanco distinto:

- Una desde el resentimiento («debí haber sido yo»),
- Otra desde la ilusión de visión mesiánica («yo sí sé lo que se debe hacer»),
- Y la tercera desde el deseo de venganza («debe caer quien me negó»).

Como en Dante, estas bocas no sueltan lo que muerden. Se aferran al relato del daño recibido y lo usan como justificación para desgarrar el orden existente, están perpetuando el infierno.

Esta metáfora puede parecer dura, pero ilustra con crudeza la miopía que se instala cuando el dolor no encuentra lenguaje y la exclusión se trasmuta en identidad. Sin humildad para conocer, y sin conciencia del sistema que se quiere transformar, la acción de los no-sucesores puede convertirse en una parodia infernal de redención. Una triple boca que, en lugar de integrar, solo devora.

Los que no eligen: los neutros del vestíbulo infernal

En el Canto III del *Infierno*, Dante y Virgilio encuentran, antes de cruzar el río Aqueronte, un grupo de almas a quienes no se les concede ni la gloria del Cielo ni el castigo del Infierno. Se trata de los *ignavi*, los pusilánimes, los que en vida no tomaron partido por el bien ni por el mal.

Entre ellos hay dos tipos de figuras especialmente simbólicas: los ángeles neutrales, que no eligieron bando durante la rebelión de Lucifer, y las almas humanas cobardes, que pasaron su vida evitando el compromiso, el conflicto y la responsabilidad. No actuaron con maldad, pero tampoco con virtud. Su pecado fue la indiferencia, la evasión, la renuncia a elegir.

Su castigo es cruel en su vacuidad: vagan eternamente tras una bandera sin emblema, símbolo de su falta de identidad. Son picados sin descanso por tábanos y avispas y su sangre alimenta gusanos a sus pies. No tienen nombre, historia ni destino.

En el contexto de la empresa familiar, esta imagen se vuelve una advertencia poderosa. También existen los que, ante el conflicto sucesorio, optan por el silencio, por la inercia, por el «yo no me meto». No traicionan, pero tampoco defienden. No actúan ni intentan comprender. No eligen.

Y, sin embargo, su neutralidad tiene consecuencias. Contribuyen al deterioro al no intervenir. Alimentan el conflicto por omisión. Como los *ignavi*, pueden terminar siendo irrelevantes para el sistema, ausentes del relato, expulsados del juego de la herencia.

No todos los condenados al margen son traidores activos: algunos lo son por inacción. Y esa inacción, cuando es sistemática, asimismo construye infiernos. En el universo de Dante —y en el de la empresa familiar—, no elegir también es elegir.

4. ENTRE ENEMIGOS Y COMPETIDORES

Enemigos y competidores: entre la amenaza y el estímulo

El enemigo no siempre está dentro. A veces viene de afuera, como el competidor clásico en el mundo empresarial o el adversario político en la esfera pública. Pero tanto el enemigo externo como el interno comparten una característica clave: ponen en tensión la estabilidad del poder.

En las empresas, el competidor cumple una función paradójica. Por un lado, amenaza el dominio del mercado, puede robar talento, innovar más rápido, exponer las debilidades de la organización. Pero también se convierte en una fuente valiosa de aprendizaje. Sin competencia, desaparecen la presión para mejorar, la necesidad de adaptarse y la innovación genuina. El competidor obliga a mirar hacia adentro. Su sola existencia provoca que el sistema se vuelva más eficiente, más estratégico, más consciente de sí mismo.

Como en la política descrita por Maquiavelo, un enemigo externo puede servir para cohesionar a los leales, justificar decisiones impopulares o incluso redefinir el rumbo del liderazgo. El rival es, en cierto modo, un espejo deformante: nos muestra lo que podríamos ser, lo que tememos ser, lo que necesitamos evitar o alcanzar.

«Un príncipe sabio debe ingeniárselas para que, si necesita, pueda siempre utilizar a la bestia y al hombre. (...) Debe aprender a no ser bueno, y usarlo o no según lo necesiten las circunstancias» (Nicolás Maquiavelo, *El príncipe*).

Esta advertencia maquiavélica subraya la necesidad de manejar la ambigüedad del poder. El enemigo —ya sea un rival político, un disidente interno o un competidor empresarial— puede ser utilizado como herramienta estratégica, siempre que el líder mantenga el control del relato. No se trata solo de aplastar al adversario, sino de saber cuándo integrarlo, cuándo usarlo y cuándo eliminarlo.

En este sentido, el enemigo no es solo una amenaza a la estabilidad: es una prueba de la inteligencia del poder.

El ventajista como saboteador del régimen de verdad

Un enemigo puede ser silencioso y aun así letal. Basta con que altere las reglas del juego sin anunciarlo, que corrompa los códigos desde dentro del sistema. Es el adversario que, sin oponerse frontalmente, desestabiliza el marco simbólico desde una posición de aparente legitimidad.

Este es el lugar del ventajista: el competidor que simula seguir las reglas mientras las subvierte desde dentro. No es un rebelde abierto —a esos el poder sabe cómo castigarlos—; por el contrario, se trata de un agente de ambigüedad estratégica, que convierte los discursos de colaboración, mérito o confianza en herramientas de manipulación. En vez de disputar el poder, se desliza dentro de él, lo contamina y lo pone en crisis.

«El poder produce saber (...) y no hay ejercicio del poder sin la producción de un discurso de verdad que lo legitime» (Michel Foucault, *Verdad y poder*).

El ventajista quiebra ese vínculo entre poder y verdad: desgasta el sistema desde su lenguaje, lo usa para su beneficio, lo vuelve irreconocible. En las organizaciones, puede ser el empleado que manipula métricas con apariencia de eficiencia o el aliado que simula lealtad mientras mina la autoridad desde dentro. Entonces, necesariamente, el castigo ya no es solo corrección: es escarmiento y restauración del relato.

En *El padrino*, esta figura se encarna en personajes como Tessio: en lugar de un enemigo visible, es un amigo leal que cambia de bando cuando percibe debilidad en el líder. Su traición no es por odio, sino por cálculo. Michael, que ya ha comprendido la lógica del poder como narrativa y apariencia, lo castiga con precisión quirúrgica. No solo lo elimina: deja claro que nadie que use el disfraz de la lealtad para sabotear el sistema puede sobrevivir.

Tres formas de concebir al enemigo: Vito, Michael y Vincent a la luz de Maquiavelo

La trilogía de *El padrino* puede leerse, además de como una saga de crimen y familia, como una reflexión profunda sobre la transformación del poder a través de generaciones. Las figuras de Vito Corleone, Michael Corleone y Vincent Mancini representan tres modos distintos de concebir al enemigo y administrar el conflicto, cada uno alineado con un momento específico del pensamiento político. En este tránsito, se revela una progresiva degeneración del arte de gobernar, desde la diplomacia racional hasta la reacción impulsiva.

Vito Corleone: el estratega diplomático

Vito ejerce el poder a través del equilibrio, la moderación y el respeto a ciertos códigos no escritos. Para él, el enemigo no es necesariamente un ser malvado, sino un actor legítimo del tablero político que, si es prudente, puede ser contenido, negociado o incluso integrado. Su uso del castigo es quirúrgico y siempre subordinado a la restauración del orden.

Frente a la propuesta de Sollozzo de entrar en el negocio de las drogas, Vito no actúa desde la enemistad personal, lo hace desde principios políticos: no quiere comprometer la integridad de su red social ni el respeto de las instituciones que lo rodean. Solo cuando es atacado físicamente responde y, aun así, procura una salida negociada antes que una guerra total.

Organizar el infierno

Maquiavelo habría visto en Vito un príncipe prudente y astuto, capaz de conservar la autoridad sin recurrir al terror inmediato. Como afirma en *El príncipe*:

«El mejor príncipe es aquel que sabe usar la fuerza cuando es necesario, pero que se esfuerza por no depender de ella».

Vito representa la síntesis del poder maduro: la violencia como recurso excepcional, la negociación como norma estratégica.

Michael Corleone: el gobernante desconfiado

Michael hereda el poder, pero no la filosofía de su padre. Su ejercicio del liderazgo está marcado por la desconfianza estructural y una lógica del control absoluto. Para él, el enemigo no se encuentra solo fuera, sino dentro: es el amigo que duda, el hermano que titubea, el consejero que vacila. Bajo esta mirada, la sospecha reemplaza al diálogo, y la eliminación preventiva sustituye a la negociación.

El caso de Tessio —capo leal de la vieja guardia que planea entregarlo a los rivales— es paradigmático. Michael no se deja llevar por la emoción. Con frialdad, reconoce la traición y la castiga con contundencia. No busca escarmiento público ni venganza personal: restaura el equilibrio por medio de una racionalidad disciplinaria.

Michael encarna el realismo maquiavélico en su forma más depurada. Su estilo recuerda esta advertencia de *El príncipe*:

«Un príncipe prudente no puede ni debe guardar fidelidad a su palabra cuando tal fidelidad se vuelve contraria a sus intereses».

En Michael, la política se ha vuelto vigilancia, y la ética de la lealtad ha sido sustituida por la lógica de la eficiencia simbólica.

Vincent Mancini: el ejecutor impulsivo

Vincent representa una nueva era: ya no es hijo directo del orden simbólico, sino producto de una genealogía irregular (bastardo de Sonny Corleone) marcada por la pasión, la acción rápida y la lógica binaria del amigo-enemigo. Su ejercicio del poder carece de las mediaciones éticas o estratégicas de sus predecesores. Para él, el oponente no es una figura política compleja, sino una amenaza directa que debe ser neutralizada sin vacilación.

Su asesinato inmediato de Joey Zasa, sin autorización de Michael ni cálculo sobre las consecuencias, ejemplifica esta lógica del acto antes que del juicio. Pese a ser eficaz, Vincent no gestiona el poder: lo impone. No construye una red, sino que la protege con violencia frontal.

Maquiavelo previó este tipo de figura en su advertencia contra el uso desmedido de la crueldad. En *El príncipe*, escribió:

«Las crueldades mal empleadas son aquellas que, aunque al principio sean pocas, con el tiempo se multiplican y no cesan».

Vincent encarna esa crueldad sin medida, una eficacia inmediata que sacrifica la estabilidad futura. En él, el poder se reduce a reflejo, sin reflexión.

Esta progresión —de la estrategia diplomática a la sospecha sistemática, y de la sospecha a la acción impulsiva— ilustra cómo el poder se degrada cuando pierde su capacidad de distinguir entre enemigos legítimos, competidores necesarios y traidores reales. El arte de gobernar requiere no solo fuerza, sino inteligencia para leer los signos del conflicto y actuar con proporción.

Competidores en la empresa: reflejos contemporáneos de Sollozzo, Tessio y Zasa

Los tres enemigos que enfrentan Vito, Michael y Vincent encuentran su reflejo en el mundo empresarial. En un entorno donde el poder se ejerce, la figura del competidor no solo desafía el modelo de negocio: desafía la identidad del líder. Aquí, el pensamiento de filósofos como Carl Schmitt, Jacques Derrida y otros ayuda a entender que la imagen del enemigo es más que una amenaza externa: define el propio orden organizacional.

El «Sollozzo» corporativo: el reformador sin ética

Este tipo de competidor busca transformar el mercado desde la disrupción, introduciendo tecnologías o modelos radicales sin considerar sus efectos sociales o simbólicos. Es el reformador pragmático que, como Sollozzo, propone eficiencia y crecimiento, pero al costo de valores fundamentales.

Carl Schmitt advierte que «el enemigo es la figura que permite definir el tipo de comunidad que somos». El Sollozzo empresarial obliga a la organización a decidir si quiere adaptarse a cualquier precio o resistir para preservar su ethos.

Se entendería como «destrucción creativa»: proceso mediante el cual la innovación barre con lo viejo. Pero si esa destrucción se produce sin un marco ético, el reformador se convierte en amenaza sistémica. La empresa debe discernir si lo que ofrece el rival es evolución o corrosión.

El «Tessio» empresarial: el traidor interno

Este es el socio o ejecutivo que, desde dentro, debilita el sistema. Su amenaza no está en su fuerza, sino en su cercanía. Jacques Derrida lo entendería como una figura espectral: alguien que, al traicionar, no simplemente ataca, también revela una verdad latente que el sistema había reprimido. El traidor es el espejo roto de la organización: muestra su vulnerabilidad estructural, su exceso de confianza, su fragilidad simbólica. No viene de fuera; viene de un adentro que el sistema se negó a ver como peligroso.

Toda estructura depende de lo que excluye y, sin embargo, esa exclusión es inestable. El traidor encarna esa inestabilidad. No es solo un actor, es un síntoma. No destruye el orden: muestra que ese orden nunca fue tan sólido como parecía.

La forma de complementar esta lectura sería al advertir que «el poder se ejerce más eficazmente cuando se vuelve invisible». El traidor interno no rompe con violencia, sino que opera sobre esa invisibilidad: hace colapsar el consenso. No destruye: desvela. De ahí su potencia.

Dante lo sabía bien: los traidores ocupan el círculo más profundo del Infierno. No por la magnitud del daño; por la transgresión del lazo. En la empresa, ese vínculo es la lealtad, y su ruptura produce una herida cultural que desestabiliza más que cualquier ataque frontal.

El «Zasa» del mercado: el enemigo populista y teatral

Zasa no es estratégico ni silencioso. Es ruidoso, narcisista y busca visibilidad antes que estabilidad. Su equivalente empresarial es el competidor que, con *marketing* agresivo y gestos espectaculares, desestabiliza sin sustancia.

Byung-Chul Han nos recuerda que «el infierno de lo igual es más cruel que el infierno del enemigo». Zasa no destruye: trivializa. Convierte el poder en espectáculo. Y, al hacerlo, arrastra al líder a su terreno si este no se contiene.

Aquí entra también la lectura de Guy Debord, quien en *La sociedad del espectáculo* sostuvo que «el espectáculo no es un conjunto de imágenes, sino una relación social entre personas mediada por imágenes». El enemigo tipo Zasa no compite con argumentos; lo hace con puesta en escena. Su amenaza no reside en su capacidad de destrucción, sino en su capacidad de seducción.

Si el espectáculo reemplaza el contenido por la apariencia, lo real por lo representado, el líder empresarial corre el riesgo de responder con las mismas armas, vaciando su discurso. Como Zasa, termina siendo parte del *show* que intentaba contrarrestar.

En suma, los enemigos en la empresa no son meros rivales económicos. Son figuras que obligan al sistema a pensarse, a definirse y a reaccionar. Como en *El padrino*, el verdadero arte del liderazgo reside en saber leer a qué tipo de oponente se enfrenta

Organizar el infierno

y qué respuesta exige: negociación, disciplina o contención. Sin esta lectura, el castigo será errático y el poder, frágil.

El traidor como retorno de lo reprimido (desde Lacan)

Si tuviéramos que preguntarnos cuál de estos enemigos representa la amenaza más profunda para la empresa, la respuesta no estaría necesariamente en su capacidad destructiva visible; estaría en su capacidad de perturbar el orden desde dentro. En este sentido, el traidor interno —el «Tessio» empresarial— es el más difícil de anticipar, de contener y de integrar.

Jacques Lacan nos ofrece una clave decisiva para comprender esta amenaza. En su teoría del sujeto, lo reprimido no desaparece: retorna, desfigurado, como síntoma. El traidor encarna ese regreso. Es la figura que —al romper el pacto de confianza— nos recuerda que toda estructura organizacional está sostenida por ficciones compartidas. Y cuando esas ficciones se agrietan, lo que emerge no es simplemente un conflicto: es una crisis de sentido. En el contexto organizacional, esto significa que la traición no surge del vacío: nace de una tensión mal gestionada, de una verdad desplazada, de un vínculo deteriorado. El traidor no solo desafía la estructura: la refleja deformada, como espejo roto.

El traidor no es solo quien actúa contra la empresa, sino quien demuestra que el vínculo que creíamos sólido era más frágil de lo que queríamos admitir. Por eso su amenaza es doble: política y psíquica. No solo hay que reordenar el sistema; hay que reelaborar su narrativa fundacional.

En ese sentido, el traidor es el enemigo que no viene de afuera ni muere con la sanción. Vive en la grieta entre lo que la empresa dice ser y lo que realmente es. Por eso, el castigo nunca es suficiente: se necesita una transformación simbólica. Y eso es mucho más difícil que despedir o sancionar. Requiere volver a reflexionar sobre quiénes somos, cómo nos vinculamos y qué comunidad queremos sostener. La traición es menos un crimen que un mensaje. No exime al traidor de responsabilidad, pero obliga al sistema a mirar hacia adentro. Porque no hay síntoma sin causa. Y no hay causa sin deseo reprimido. La traición, entonces, no solo debe castigarse: debe interpretarse.

Más que poder. La herencia de las alianzas: de los primates a la empresa

¿Hemos heredado de nuestros ancestros solo violencia o también una sabiduría cooperativa? Esta reflexión plantea que la alianza no es un acto altruista ni decorativo: es una tecnología política profundamente eficaz, que estructura el poder tanto como la confrontación.

La raíz evolutiva de la alianza

Frans de Waal, en sus estudios sobre chimpancés, demuestra que la supervivencia y el liderazgo en los grupos dependen, además de la fuerza, de la capacidad de construir coaliciones estratégicas. El macho alfa más exitoso es aquel que negocia, protege y equilibra, no solo el que domina con agresión. «Una coalición es más poderosa que el individuo más fuerte». La alianza, entonces, es una forma de poder relacional, no subordinado.

Este modelo natural se reproduce en las organizaciones humanas. Antes que estados o empresas, los grupos humanos establecieron alianzas como mecanismo de protección, distribución y legitimación del poder. Lo que cambia es el lenguaje, no la lógica.

Vito Corleone y la política del favor

En *El padrino*, Vito Corleone representa al estratega que ha comprendido que el poder se sostiene en el equilibrio entre autoridad y alianza. Su famosa frase: «Algún día, y ese día puede que nunca llegue, te pediré que me hagas un favor» no es una amenaza, sino

Organizar el infierno

la formulación de una red simbólica de reciprocidad duradera, tal como la describe Marcel Mauss en su *Ensayo sobre el don*.

Mauss sostiene que todo don implica una triple obligación: dar, recibir y devolver. En la lógica de este circuito crea vínculos sociales que, más que basarse en la coerción ni en la ley, lo hacen en la memoria del gesto. En la economía del don, el favor no es gratuito, pero tampoco exigido; su valor reside en su capacidad de construir una relación que perdura en el tiempo. Vito Corleone encarna esta lógica a la perfección: ofrece ayuda sin reclamar la recompensa inmediata, pero deposita en cada gesto una semilla de lealtad futura.

La alianza, en este caso, se construye sobre la memoria, la confianza y la deuda moral. No es un contrato, es un relato. Y como tal, resiste más que cualquier norma escrita. El poder de Vito, además de radicar en su capacidad de castigar, se sostiene en su habilidad para crear una comunidad simbólica de favores mutuos, donde la palabra empeñada tiene más peso que la ley formal.

La alianza en la empresa: confianza como capital invisible

En la empresa contemporánea, las alianzas ya no se tejen en el plano familiar o tribal, pero conservan su lógica: reciprocidad, lealtad, compensación emocional. La confianza entre colegas, la cooperación informal, el apoyo mutuo en momentos críticos son los cimientos invisibles del poder organizacional.

Es crítico entender que el poder circula entre los sujetos, no solo desde las cúpulas. En este sentido, las alianzas entre pares son más que vínculos afectivos: son tecnologías de vigilancia mutua y gobernanza lateral. Allí donde no hay alianza, hay aislamiento; y el aislamiento, a largo plazo, es disfuncional para el poder. El sujeto aislado pierde acceso a información informal, oportunidades tácitas y redes de protección emocional que sostienen su integración en el grupo. Más aún, en entornos de alta competitividad, quien no participa de una alianza corre el riesgo de volverse prescindible, incluso sospechoso.

El aislamiento no solo genera vulnerabilidad individual, sino que debilita el sistema completo, al romper el tejido de interdependencia que hace que una organización funcione más allá de sus normas explícitas. Una empresa que no cultiva alianzas internas se convierte en una máquina ineficiente, incapaz de movilizar energías colectivas ni responder con agilidad a las crisis. Así como en los grupos de primates el individuo aislado suele ser blanco de sanciones o expulsión, en las organizaciones humanas la falta de vínculos sólidos puede traducirse en marginación simbólica o desvinculación definitiva.

Riesgos de la alianza: dependencia, manipulación y chantaje
Sin embargo, no toda alianza es virtuosa. Como advertía Maquiavelo: «Los hombres deben ser o acariciados o eliminados, porque se vengan de las ofensas leves, pero no pueden vengarse de las graves». Una alianza mal equilibrada puede generar zonas de impunidad, chantajes emocionales, silencios estratégicos. El exceso de lealtad puede volverse opresión encubierta.

Cuando la lealtad se transforma en un compromiso absoluto e irrenunciable, deja de ser un acto voluntario y se transforma en una forma de sumisión simbólica. El aliado que no puede disentir, que no puede poner límites, que no puede salirse del pacto sin temer represalias, se convierte en rehén de su propia fidelidad. Este tipo de alianza desvirtúa el propósito original de reciprocidad y deviene en un sistema de control emocional donde la confianza se vuelve una moneda de chantaje.

En contextos empresariales, esto se manifiesta cuando un empleado leal es explotado bajo la expectativa no escrita de «compensar» la confianza depositada, incluso a costa de su bienestar o sus principios. La promesa de pertenencia se convierte en deuda, y la deuda, en instrumento de dominación. Así, el exceso de lealtad —cuando no está equilibrado por la libertad de disentir— deja de ser una virtud y se transforma en una trampa, tanto para quien la ofrece como para quien la exige.

La alianza como espejo del poder

Las alianzas no son accesorios: son estructuras que distribuyen el poder de manera más sutil y eficaz que cualquier jerarquía formal. Comprender su lógica —desde los primates hasta la empresa— implica aceptar que el poder no se sostiene solo con control, sino con confianza, reciprocidad y relato compartido. La empresa que lo olvida, construye su soledad. La que lo comprende, extiende su vida.

Exploremos ahora la figura del aliado ambiguo, del colaborador silencioso, del «tercero» necesario para que el sistema no se hunda ni se vuelva tiránico: el mediador invisible.

La posibilidad de redención: salir del infierno simbólico

Si en todo sistema de poder hay un monstruo latente —la violencia, la traición, la exclusión—, también existe la posibilidad de que ese monstruo no se devore a sí mismo. La figura que garantiza que el poder no olvide el vínculo del que depende para no volverse monstruo es aquella que mantiene presente la dimensión ética, relacional y simbólica de toda organización humana.

Este principio, que atraviesa tanto a los primates como a los clanes mafiosos o a la empresa moderna, puede encontrar una resonancia poderosa en la *Divina comedia* de Dante. En su estructura tripartita, el Infierno representa el castigo, pero el Purgatorio y el Paraíso abren una vía hacia la redención. El castigo no es el final inevitable, sino una advertencia: de nuestras propias acciones dependerá nuestro destino, tanto individual como colectivamente.

En el contexto empresarial, esto implica asumir que, entre los enemigos, competidores y aliados, también nosotros habitamos múltiples roles. Podemos reproducir lógicas de exclusión o abrir caminos de cooperación; podemos ser el traidor o el mediador; podemos reforzar la jerarquía monstruosa o tejer nuevas formas de comunidad simbólica.

Como decía Dante al final del *Infierno*, tras el largo descenso: «Y salimos a ver las estrellas».

«A través de una abertura redonda vi algunas de las hermosas cosas que porta el cielo; y de allí salimos a ver otra vez las estrellas» (*Infierno*, Canto XXXIV, vv. 133–135).

Esta imagen —tras abandonar el frío del Infierno, trepar el cuerpo de Lucifer y emerger de una caverna invertida hacia el hemisferio sur— no solo señala el fin del castigo, también la posibilidad de recomenzar. La salida es angosta, ardua y no está exenta de sufrimiento. Pero también es luminosa: el orden puede invertirse, el infierno dejarse atrás si se sabe reconocer el trayecto y caminarlo en compañía. La salida está allí, aunque no es automática: requiere conciencia, responsabilidad y, sobre todo, una elección ética.

«Quien sube por esta escalera no puede sino purificarse antes de alcanzar las estrellas» (*Purgatorio*, Canto XXVII, v. 139).

Porque el ascenso hacia la redención exige purificación previa: una transformación interna. Salir del infierno no es huir; se trata de transitar el dolor con voluntad de cambio. Solo quien acepta el juicio de sus propios actos puede ascender. Esta cita refuerza la idea de que la salvación, incluso en contextos empresariales o simbólicos, depende de una voluntad ética y transformadora, más que de una estrategia técnica. No todos los sistemas están condenados; no todos los líderes están perdidos. Pero solo aquellos que se atrevan a mirar el monstruo que llevan dentro —y a recordarlo como advertencia— podrán reconstruir el vínculo que humaniza al poder.

«No hay redención sin memoria. El infierno no termina cuando dejamos de sufrir, sino cuando entendemos por qué sufrimos» (inspirado en Dante y Hannah Arendt).

La fragilidad del orden: la empresa como arquitectura, el infiero de lo inacabado

Dante imaginó el Infierno como una estructura perfectamente regulada: cada círculo tiene su lógica, cada castigo corresponde al pecado cometido, cada figura está en su lugar. Pero esa organización, aunque aparentemente estable, es una arquitectura del dolor, sostenida por la repetición, la exclusión y el silencio. En ese sentido, el Infierno no es un caos: es un orden que ha olvidado el propósito del vínculo, convertido en maquinaria de condena.

La empresa moderna, bajo ciertas lógicas neoliberales, corre el riesgo de parecerse a este Infierno racionalizado. Desde el lenguaje meritocrático hasta los sistemas de evaluación de desempeño, muchas organizaciones se convierten en estructuras simbólicas que sancionan la desviación, invisibilizan la diferencia y exilian a quien no rinde según los estándares dominantes.

Y, sin embargo, como en toda estructura aparentemente cerrada, el caos y la entropía no son anomalías: son inevitables. La empresa no es un sistema estable, sino una obra inacabada, sujeta a reconfiguraciones constantes. El intento de mantenerla perfectamente ordenada suele desembocar en rigidez, alienación o colapso. En cambio, aceptar que el desorden tiene una función evolutiva permite pensar el caos como espacio de transformación.

En términos metafóricos, no hay paraíso más real que el paraíso perdido en cada proceso de cambio. Toda evolución implica una renuncia: lo que se deja atrás es también lo que nos permitió avanzar. La nostalgia por un orden anterior —más puro, más claro— puede convertirse en mito paralizante. El verdadero reto es construir sentido en medio de la incertidumbre.

Así como Dante y Virgilio escapan del Infierno no por destruir su lógica, sino por comprenderla y abandonarla, las organizaciones no deben temer al desorden, sino reconocer en él la posibilidad de recomenzar. La entropía no es el fin del sistema: es su advertencia y su impulso. Como en el descenso dantesco, solo tocando fondo se pueden volver a ver las estrellas.

En clave semiótica, podría decirse que un solo elemento —un gesto, una palabra, una decisión— puede modificar un sistema entero, y que un sistema transformado tiene la potencia de alterar la estructura más amplia en la que está inserto. Así, cada alma condenada representa un signo fijo dentro de una arquitectura moral, en la empresa moderna cada actor —empleado, líder, mediador— puede convertirse en detonante de una reconfiguración más profunda. En este sentido, el caos no solo desordena: revela. La entropía no destruye: reordena. Y la estructura, entendida como el conjunto de sistemas articulados simbólicamente, no es rígida ni inmutable: es una narrativa viva, en proceso.

Como en la física, también en las organizaciones la entropía no es destrucción: es transformación. Es la tendencia natural al desorden que obliga al sistema a adaptarse, reorganizarse o desaparecer. En este sentido, el caos no representa el fracaso del orden, sino su límite y su oportunidad. Ilya Prigogine, premio Nobel de Química, lo formuló así: «Los sistemas solo se renuevan a través del desorden».

Aplicado a la empresa, esto significa que los momentos de crisis, inestabilidad o cambio profundo, en lugar de ser necesariamente amenazas, son catalizadores del talento latente. Allí donde el viejo orden se resquebraja, emergen nuevas formas de liderazgo, creatividad y vínculo. El caos actúa como lupa: intensifica lo reprimido y visibiliza lo que la rutina había vuelto invisible.

Desde la semiótica estructural, podríamos decir que un solo signo —una acción simbólica, un gesto inesperado— puede reconfigurar el sistema entero, y que un sistema reconfigurado afecta inevitablemente la estructura a la que pertenece. Así, el cambio organizacional no necesita ser absoluto: basta con que algo potente irrumpa, donde el orden infernal puede ser desafiado por el reconocimiento del error, en la empresa; basta con el cuestionamiento ético o estratégico de una figura clave para provocar ondas de transformación.

Como toda obra inacabada y en continua evolución, la empresa moderna representa también un tipo de infierno infinito: no por su condena, sino por su imposibilidad de cerrarse sobre sí misma. El artista —en este caso, el líder, el fundador, el ideólogo— no puede ver jamás la totalidad de su obra. Toda estructura viva está, por definición, inconclusa y, por eso mismo, sometida a tensiones constantes entre orden y renovación. Esa incapacidad de clausura convierte a la empresa en una forma de infierno simbólico: no porque castigue; porque exige, sin cesar, un sentido que nunca termina de revelarse.

Dante ofrece una poderosa imagen de esta infinitud cuando describe que, al salir del Infierno, en vez de un umbral glorioso hay una «oscura galería» que debe escalarse durante horas hasta volver a ver el cielo:

«Salimos a ver las estrellas» (*Infierno*, XXXIV, 139); sí, pero solo después de un ascenso largo, oculto, espiralado. La eternidad del Infierno no está solo en el castigo, sino en la repetición sin transformación. La redención empieza cuando se rompe esa lógica.

Por eso, incluso en el caos, hay una forma de verdad. La empresa —como arquitectura simbólica y humana— no puede aspirar a la perfección sin incurrir en violencia. Pero sí puede —como todo sistema vivo— aceptar su inacabamiento como condición para su posibilidad.

5. TRABAJO EN EQUIPO: ÁNGELES Y DEMONIOS

Ángeles y demonios en el trabajo en equipo: armonía aparente, batallas ocultas

En toda estructura de poder, el enemigo no siempre viene de fuera. En ocasiones, el conflicto más profundo ocurre en el interior del grupo, disfrazado de colaboración, de cortesía, de equipo. El trabajo en equipo —idealizado como espacio de cooperación, sinergia y objetivos compartidos— oculta muchas veces un teatro de sombras: batallas de ego, microtraiciones, estrategias encubiertas. La armonía visible esconde una pugna latente.

Carl Jung ya lo advertía con su concepto de la sombra: lo reprimido no desaparece; opera desde lo oculto, contaminando la superficie. En los grupos humanos, esa sombra colectiva se manifiesta en rumores, en gestos pasivo-agresivos, en decisiones tomadas fuera de la sala, en silencios tácticos. Allí donde parece haber unidad, muchas veces hay una guerra sorda por el control.

«Uno no se ilumina imaginando figuras de luz, sino haciendo consciente la oscuridad. Lo que no se hace consciente se manifiesta en nuestras vidas como destino» (Carl Jung).

La empresa moderna celebra el trabajo en equipo, aunque rara vez indaga qué se oculta en los márgenes de ese discurso. ¿Quién escucha realmente a quién? ¿Quién se calla para no ser castigado? ¿Quién coopera mientras conspira?

El equipo, como Dante entendió del alma humana, es una mezcla de Cielo e Infierno. Hay actos de generosidad genuina, de cuidado, de apoyo mutuo. Pero también hay demonios que susurran desde las sombras: el deseo de protagonismo, la envidia, la deslealtad. Y, a menudo, esos demonios se disfrazan de virtud.

Como en el Purgatorio, el trabajo en equipo es un espacio de tránsito: no es un castigo eterno como el Infierno, aunque tampoco una redención automática.

«Aquí se sube por otra vía. No es preciso que nadie reciba ayuda desde afuera, sino que nace de sí misma la voluntad de subir, porque la escala empieza donde se acaba la culpa» (*Purgatorio*, Canto XXVII, vv. 127-130).

Esta reflexión revela que el verdadero ascenso en los equipos no proviene de una autoridad externa que impone el orden, lo hace de una voluntad interna que ha atravesado el conflicto, la culpa y decide, de forma consciente, recomenzar. El equipo sano es aquel que aprende a reconstruir el vínculo tras el choque, no el que nunca lucha.

«La verdadera batalla no es entre buenos y malos. Es entre los que reconocen su sombra y los que se creen solo luz» (inspirado en Jung y Dante).

En este contexto, el mito del ángel caído adquiere una relevancia ineludible. Como narra el Apocalipsis:

«Y se entabló un gran combate en el cielo: Miguel y sus ángeles lucharon contra el dragón. También lucharon el dragón y sus ángeles, pero no prevalecieron [...] Fue arrojado aquel dragón, la serpiente antigua, llamado Diablo y Satanás, que seduce a todo el universo» (Apocalipsis, XII, 7-9).

La figura del ángel caído encarna el drama de quienes, creyéndose por encima del grupo, terminan expulsados de él. Cuanto más alto asciende un individuo en su confianza narcisista, más violenta puede ser su caída. Este principio, que estructura la caída de Lucifer, se aplica también a las dinámicas de equipo: a menudo, los peores conflictos no vienen del incompetente, sino de aquel que, desde la arrogancia jerárquica, se oculta tras una posición de dominio y simula liderazgo. Allí donde debería haber orientación colaborativa, emerge la imposición. En cambio, es el inteligente el que coopera, el que reconoce la interdependencia como una forma de fortaleza. La verdadera autoridad se afirma desde el vínculo, no desde el poder.

La gestión del disenso: cuando la diferencia fortalece (o destruye)
El verdadero trabajo en equipo no consiste en suprimir el conflicto, sino en canalizarlo. En toda dinámica grupal, especialmente en entornos de alta presión como la empresa, el disenso es inevitable. La diferencia radica en cómo se gestiona. Los «ángeles» del equipo —figuras simbólicas del cuidado, la escucha y la madurez emocional— no rehúyen el conflicto, lo convierten en una oportunidad de aprendizaje. Son capaces de contener el desacuerdo sin escalarlo, de traducirlo en creatividad antes que en destrucción.

Por el contrario, los «demonios» —encarnaciones de la inseguridad, el ego herido o la voluntad de poder disfrazada— perciben el disenso como amenaza. No lo confrontan de manera abierta: lo silencian, lo manipulan, lo devuelven en forma de rumor, exclusión o castigo simbólico. En vez de dialogar, afirman; en vez de integrar, expulsan.

El disenso, cuando se gestiona éticamente, enriquece. Pero cuando se reprime, se transforma en resentimiento latente. Allí donde debería haber debate, se instala el miedo; y donde debería haber pensamiento crítico, reina la obediencia sumisa. En este punto, el equipo deja de ser un espacio vivo y deviene una máquina de reproducción simbólica del poder.

«La comunidad no es el fin de la diferencia, sino el lugar donde la diferencia se vuelve fecunda» (inspirado en Emmanuel Levinas).

Esta distinción marca también el tipo de liderazgo. Hay líderes que temen el desacuerdo porque su autoridad es frágil; y hay líderes que lo acogen, porque comprenden que un equipo sin crítica es un equipo sin evolución.

Aquí aparece un concepto especialmente problemático: la obediencia sumisa. Más que la lealtad activa o el compromiso genuino con el equipo, consiste en la aceptación acrítica de la autoridad. Es el silencio cómodo del que no piensa, o del que ha aprendido que pensar conlleva riesgos. En palabras de Erich Fromm, esta sumisión «es el precio que se paga por la ilusión de pertenencia». El equipo entra entonces en una apariencia de armonía forzada: todos fingen colaborar, nadie se atreve a disentir.

Pese a que esta forma de obediencia es útil para mantener la fachada de armonía, destruye la posibilidad de innovación real. Como señalaría Slavoj Žižek, «el verdadero poder no se impone cuando prohíbe, sino cuando ya no necesita prohibir porque todos han interiorizado la norma». La obediencia sumisa instala una autocensura que sofoca el pensamiento divergente y perpetúa estructuras ineficientes o injustas. El demonio, en este caso, no ataca: consiente. Pero al consentir sin cuestionar, alimenta el deterioro silencioso del vínculo colectivo.

Con la noción de microfísica del poder, este no se ejerce simplemente de arriba hacia abajo; también se inscribe en los cuerpos, en los gestos, en las normas aparentemente inocuas del día a día. La obediencia sumisa no proviene únicamente de órdenes explícitas: es el efecto de una vigilancia interiorizada, de un entorno que moldea subjetividades para que se regulen a sí mismas.

«El poder produce; produce realidad; produce ámbitos de objetos y rituales de verdad» (Michel Foucault, *Vigilar y castigar*).

En el contexto del trabajo en equipo, esta obediencia sumisa se manifiesta cuando las diferencias son reprimidas en nombre de la unidad, cuando el desacuerdo se vive como amenaza y no como posibilidad. Lo que parece armonía puede ser, en realidad, el resultado de un poder en el que la represión abierta se ha vuelto innecesaria porque todos han aprendido a auto-limitarse. Así, el verdadero desafío del equipo no es evitar el conflicto, sino aprender a acoger el disenso como una forma superior de vínculo.

Dante imaginó el Infierno como una estructura perfectamente sistematizada: cada círculo tiene su lógica, cada castigo corresponde al pecado cometido, cada figura está en su lugar. Pero esa organización, aunque aparentemente estable, es una arquitectura del dolor, sostenida por la repetición, la exclusión y el silencio. En ese sentido, el Infierno no es un caos: es un orden que ha olvidado el propósito del vínculo, convertido en maquinaria de condena.

Esta falta de disenso no es accidental: es constitutiva. En el Infierno, el alma está fijada para siempre. Allí no hay negociación ni transformación posible, solo condena eterna. Dante lo dice con claridad:

«Las almas perdidas no tienen esperanza de muerte, y su ciega vida es tan baja, que envidian cualquier otra suerte» (*Infierno*, Canto III, vv. 64-66).

Aquí se describe la más cruel de las condenas: no la del dolor físico, sino la del estancamiento simbólico. El alma que no puede cambiar está ya muerta, incluso si sigue existiendo. En términos organizacionales, esto es lo que ocurre cuando el sistema excluye la diferencia: se vuelve un Infierno donde todo disenso es castigado y toda desviación, anulada.

Frente a este orden cerrado, el Purgatorio representa la posibilidad del tránsito, del conflicto como camino, del error como parte del aprendizaje. No todo castigo es condena; hay penas que purifican, que permiten recuperar el vínculo perdido. El trabajo en equipo, como se sugiere más adelante, puede ser un Purgatorio: un lugar donde las tensiones, bien gestionadas, fortalecen la comunidad. Pero, para que eso ocurra, se requiere algo que el Infierno niega: la apertura al otro, la disposición al cambio.

En los equipos que se autogestionan, la resolución del conflicto no puede basarse en una autoridad externa que imponga orden; debe hacerlo en una práctica colectiva de escucha, autorregulación y reconocimiento mutuo. Paradójicamente, la autogestión no elimina el poder: lo redistribuye, y en estos equipos, cada miembro es nodo y vínculo a la vez. La clave, más que en suprimir el disenso, está en ritualizarlo: encontrar formas simbólicas, éticas y operativas para que la diferencia se exprese sin devenir fractura. Es allí donde el equipo se prueba no como suma de talentos, sino como comunidad simbólica capaz de mantener el vínculo sin fractura. Mantener el vínculo sin fractura requiere ritualizar el conflicto: crear espacios donde el desacuerdo sea, además de tolerado, esperado y metabolizado como parte de la vida grupal. En lugar de ver la diferencia como amenaza, el equipo que madura la reconoce como signo de vitalidad. Como sugiere Edgar Morin, «la complejidad no se resuelve, se habita». Sostener el vínculo implica, entonces, aceptar que toda comunidad se cimenta también sobre malentendidos, contradicciones y zonas de sombra. La clave no es borrar el conflicto, sino construir un lenguaje común que lo vuelva comprensible y transformador. Así, el equipo no se quiebra: aprende a doblarse sin romperse.

Dante también lo intuyó: el Infierno es el lugar donde no hay posibilidad de diálogo, de tránsito, de transformación. Por otra parte, el Purgatorio —ese espacio intermedio y relacional— permite que los errores convivan con la voluntad de cambio. Un equipo autogestionado no es el Paraíso, pero puede evitar ser un Infierno si se concede ser, al menos, un Purgatorio ético.

Un ejemplo interesante de autogestión en los chimpancés se da cuando el grupo sanciona a un macho dominante que ha perdido legitimidad. No hace falta un líder formal que dicte castigos: el grupo actúa colectivamente, retirándolo o incluso aliándose para destituirlo. Esta manera de autorregulación no depende de una figura jerárquica, sino de una red de reciprocidad vigilante. Es un ejemplo de cómo una comunidad puede gestionar su equilibrio interno sin una autoridad externa centralizada, reconociendo de forma implícita cuándo un individuo ha dejado de servir al interés colectivo.

En *El padrino*, podríamos observar algo similar en la escena donde los capos de las cinco familias se reúnen tras una oleada de violencia. Pese a que Michael Corleone no actúa como Don supremo en ese momento, todos admiten la necesidad de poner límites, sellar acuerdos y contener el caos. La decisión de hacer la paz —aunque frágil— surge del reconocimiento mutuo de interdependencia. Cada capo conserva autonomía, pero todos entienden que el orden del sistema depende de un equilibrio tácito. Es un ejemplo simbólico de autogestión mafiosa, donde el poder circula y se contiene mutuamente en una arquitectura de pactos más que en una imposición directa.

En la escena de *El padrino III*, Michael Corleone convoca a los jefes mafiosos a una reunión en el teatro Massimo de Palermo con el fin de consolidar la transición hacia la legalidad y cerrar una etapa de violencia. Sin embargo, esa tregua se traiciona brutalmente: durante la función de ópera, se desata un atentado en el que varios capos son asesinados y, finalmente, Mary —la hija de Michael— muere por una bala dirigida a él.

Este episodio rompe el equilibrio tácito que mencionábamos. Lo interesante es que la escena simula un momento de autogestión colectiva, donde los antiguos sistemas del poder se encuentran en revisión, pero la violencia estructural sigue latente, esperando una grieta para manifestarse.

Es una gran muestra de que la autogestión, si no va acompañada de una transformación ética profunda, puede volverse solo una fachada. El poder sin vigilancia mutua ni memoria histórica está condenado a repetir su infierno.

6. TERRITORIALIDAD EN LOS CHIMPANCÉS

El espacio como frontera

Entre los muchos comportamientos sociales que los chimpancés comparten con los humanos, uno de los más inquietantes por su precisión estratégica es la defensa del territorio. Al igual que en nuestras sociedades, el espacio para los chimpancés no es simplemente un lugar donde estar: es una extensión del grupo, una marca de identidad, una frontera que separa la pertenencia de la amenaza. El territorio, para ellos, no es solamente físico: consiste también en una declaración.

Los estudios etológicos —en especial los de Jane Goodall y Frans de Waal— han documentado con detalle cómo los grupos de chimpancés patrullan los límites de su territorio en formaciones organizadas. Estas patrullas no son aleatorias ni defensivas. Son actos planificados, a menudo silenciosos, que exploran las fronteras para detectar signos de otros grupos. Si encuentran a un individuo aislado del grupo rival, la respuesta puede ser brutal: ataques coordinados, a veces mortales, que funcionan como advertencia y reafirmación de dominio.

Este comportamiento, que en un primer vistazo podría parecer propio de estados-nación o ejércitos humanos, revela una estructura mental donde el «nosotros» se construye en oposición a un «ellos». La pertenencia se define no tanto por los lazos internos como por la exclusión externa. El chimpancé no solo protege un árbol o una fuente de alimento: defiende la posibilidad misma de comunidad, la integridad de su grupo.

La territorialidad, entonces, no es una cuestión de geografía, sino de política. Es el modo en que un colectivo marca su existencia frente al otro. Es una forma de identidad grupal que se expresa en el espacio. ¿Quién puede estar aquí? ¿Quién tiene derecho a pasar, a habitar, a quedarse? Estas preguntas, que parecen exclusivas del ser humano, ya están inscritas en el comportamiento primate.

Cuando un chimpancé se adentra en territorio ajeno, no solo arriesga su vida: desafía un orden. Su mera presencia representa una ruptura en la frontera invisible que separa un «nosotros» de un «otro». Esa transgresión, como cualquier otra, exige una respuesta. Y en ese castigo —ritual, brutal, colectivo— se reafirma el poder del grupo, su cohesión, su derecho al territorio.

Este tipo de territorialidad revela una estructura mental profunda donde la identidad del grupo no se define únicamente por lo que se es, también por lo que se excluye. El «nosotros» no surge como una afirmación de afinidades internas —compasión, cooperación, afecto—; lo hace como una frontera defensiva trazada frente a un «ellos» que amenaza con desdibujar los límites de lo propio. La pertenencia, en este modelo, no se consolida desde dentro, sino que se fortalece a través del rechazo de lo externo.

Es una lógica que podríamos llamar negativa o contrastiva: no se sabe exactamente qué es el grupo, pero sí se sabe quién no pertenece a él. Esta forma de definir la identidad mediante la exclusión es tan antigua como poderosa. Aparece en los primates, en las tribus humanas, en las religiones, en las instituciones. «Nosotros» es, en última instancia, el resultado de haber dibujado un «ellos».

Lo interesante —y lo inquietante— es que este mecanismo no necesita razones éticas o racionales para activarse. Basta con que alguien cruce una frontera no autorizada para que se provoque una respuesta punitiva. El otro no es castigado por lo que hace, sino por lo que representa: la amenaza de disolver el límite, de volver borrosas las identidades, de contaminar lo propio con lo ajeno.

En el caso de los chimpancés, esto se traduce en ataques organizados a intrusos que ni siquiera han mostrado agresión. Su mera presencia es suficiente. La frontera no es negociable. El espacio del grupo es sagrado porque sostiene la ficción colectiva de una unidad cerrada, protegida, autosuficiente, no por su valor intrínseco.

Desde esta perspectiva, el territorio no solo es una superficie ocupada: es una categoría simbólica que produce sentido. Es allí donde el grupo se imagina a sí mismo, donde reitera su historia común, donde repite sus rituales de cohesión. Y es también allí donde identifica al otro como amenaza constitutiva. Sin ese otro, paradójicamente, el «nosotros» se debilita. Porque la exclusión no es solamente un acto de defensa: es, además, una estrategia de afirmación.

En términos comunicativos, podríamos decir que el territorio funciona como un mensaje colectivo, un signo compartido que articula la identidad del grupo a través de la delimitación del espacio. Aquí resulta iluminadora la perspectiva de Umberto Eco, quien subraya que toda cultura es, en última instancia, una forma de comunicación, y que los signos no existen en el vacío, sino que adquieren sentido por oposición a otros signos dentro de un sistema.

Aplicado a la territorialidad, esto implica que el grupo no solo habita un espacio: lo codifica, lo interpreta, lo convierte en texto. El territorio se transforma en un discurso donde cada límite, cada gesto de vigilancia o de agresión, es parte de una narrativa que organiza la pertenencia. Como diría Eco, «la cultura es el conjunto de respuestas que una comunidad da a la pregunta de cómo habitar el mundo». Y, en ese sentido, la forma en que se marca y se defiende un territorio es también una manera de definirnos.

La exclusión del otro, entonces, no es solamente biológica ni defensiva: es también semiótica. El intruso, además de transgredir

Organizar el infierno

una frontera física, interrumpe una narrativa, desordena un sistema de signos que sostiene la coherencia interna del grupo. El castigo al invasor es más que una reacción: es una puesta en escena del límite, una afirmación simbólica de la identidad colectiva.

Y, en ese sentido, la forma en que se marca y se defiende un territorio es también una manera de definirnos. El territorio no es solo un espacio, sino un enunciado colectivo: una afirmación de identidad, una gramática del nosotros. Podríamos decir que toda territorialidad se inscribe dentro de una cultura que codifica el espacio como parte de su mensaje, y que existen distintas formas de leer —y de habitar— ese mensaje.

En su célebre obra *Apocalípticos e integrados*, Eco distingue entre dos grandes actitudes frente a la cultura de masas, que aquí podríamos reinterpretar como dos posturas simbólicas frente a la construcción del territorio. Los «apocalípticos» ven en la pérdida de fronteras una amenaza: la invasión del otro representa la disolución de la identidad, la caída del orden, la corrupción del núcleo original del grupo. Para ellos, el territorio debe ser defendido con rigor, marcado con claridad, y todo lo externo es potencialmente contaminante.

En cambio, los «integrados» ven en el contacto con el otro una posibilidad de expansión, de mestizaje, de evolución cultural. No niegan el territorio, pero lo conciben como un espacio negociable, en transformación constante, donde la identidad se redefine a través del encuentro, no de la exclusión.

Ambas posturas —aunque originalmente referidas a la cultura mediática— pueden ser leídas como paradigmas de territorialidad. En el caso de los chimpancés, observamos claramente una lógica apocalíptica: la presencia del otro activa mecanismos defensivos que reafirman el orden interno a través de la agresión. No hay posibilidad de integración, solo exclusión. El espacio debe permanecer puro, homogéneo, cerrado.

Pero al trasladar esta lógica al mundo humano, la tensión se complejiza. Porque nuestras culturas no se limitan a defender territorios: también los interpretan. Hay quienes creen que perder el límite es perder la esencia, y otros sostienen que solo al desdibujarlo se puede construir algo nuevo. El territorio, entonces, no es solamente un espacio físico ni simbólico: es además un campo de batalla interpretativo, un texto en disputa entre apocalípticos que quieren preservar e integrados que quieren transformar.

«La diferencia entre el apocalíptico y el integrado es, en última instancia, una cuestión de fe en la posibilidad de una lectura crítica de los signos».

Territorialidad en Dante: el Purgatorio como frontera

En la arquitectura moral de Dante, el Infierno, el Purgatorio y el Paraíso no son solo destinos del alma: son territorios éticos, lugares donde se codifican distintos regímenes de sentido, castigo y redención. Desde esta perspectiva, el Infierno es el espacio del castigo definitivo: una territorialidad cerrada, sin tránsito, donde cada alma está fijada para siempre en su lugar. El Paraíso, en cambio, es el espacio de la integración total: un orden absoluto donde no hay exclusión, sino comunión plena con lo divino.

Pero entre ambos extremos se encuentra el Purgatorio, que puede leerse como una zona de frontera, una territorialidad intermedia, ambigua, ni del todo cerrada ni completamente abierta. Es un territorio de tránsito, de posibilidad, de reconfiguración identitaria. Allí, los condenados no están atrapados eternamente en su pecado; en cambio, habitan una espera, una narración en proceso, donde el castigo tiene una función pedagógica y transformadora. Ya no se trata de excluir para siempre, sino de preparar para la integración. En la *Divina comedia*, Dante describe el Purgatorio como una montaña en el hemisferio sur, dividida en tres secciones: el Antepurgatorio, el Purgatorio propiamente dicho y el Paraíso terrenal. Las almas que se encuentran en el Purgatorio ya están salvadas, pero deben purificarse antes de ascender al Paraíso. El Purgatorio consta de siete cornisas, cada una dedicada a la expiación de uno de los siete pecados capitales: soberbia, envidia, ira, pereza, avaricia, gula y lujuria. A medida que las almas ascienden por estas cornisas, se purifican de sus pecados y se acercan al Paraíso.

En la cima del monte se encuentra el Paraíso terrenal, donde Dante conoce a Beatriz, quien lo guiará al Paraíso celestial. Antes de ascender, Dante debe sumergirse en las aguas de dos ríos: el Leteo, que hace olvidar los pecados, y el Eunoe, que revive el recuerdo del bien realizado.

En este sentido, el Purgatorio puede pensarse como una metáfora poderosa de una territorialidad no apocalíptica, aunque tampoco ingenuamente integrada. Es un espacio de reconocimiento del error, pero también de movimiento. A diferencia del Infierno, donde las fronteras son inquebrantables, aquí las fronteras son porosas, abiertas al cambio. El sujeto puede transitar geográfica y moralmente.

Aplicado aquí, podríamos decir que el Purgatorio es un territorio «integrado en potencia»: un espacio donde la exclusión no es definitiva, y donde el signo del pecado aún puede ser reinterpretado. Es, en cierta forma, un texto en proceso de escritura. Un lugar donde, como decía Eco, la posibilidad de lectura crítica aún está abierta, y el sentido aún no ha sido clausurado.

Territorialidad empresarial: mercado, como espacio y exclusión corporativa

En el mundo corporativo, el territorio no se define por la geografía física, sino por una dimensión: la cuota de mercado. Cada empresa lucha por ocupar una parte del ecosistema económico, una porción del deseo del consumidor, una fracción de la atención social. El mercado es, en este sentido, un mapa dinámico donde las marcas delimitan fronteras, protegen espacios y expulsan al intruso. La territorialidad, aquí, se expresa en forma de estrategia, posicionamiento, competencia.

Esta lucha no es simplemente económica. Como los chimpancés que patrullan sus fronteras o las mafias que controlan sus barrios, las empresas también defienden su territorio —su mercado— a través de señales, rituales y castigos. La publicidad, por ejemplo, no solo informa: marca el territorio. Dice «este espacio es mío».

La expansión territorial se convierte en sinónimo de poder. Cuando una empresa gana participación en un nuevo segmento o región, no solo crece: desplaza al otro, lo vuelve innecesario, lo empuja hacia la marginalidad. Aquí, la exclusión no se produce con violencia física, sino con métricas, innovación, eficiencia. El castigo al competidor no es la agresión directa, es la obsolescencia: volverlo irrelevante, invisible, redundante.

El poder empresarial se parece más al de una mafia o un reino animal que al de una república meritocrática. No basta con ser competente: debe ocuparse un lugar, consolidar alianzas, marcar territorio simbólicamente y castigar —sutil o explícitamente— a quien lo desafíe.

Así como en el Infierno dantesco cada alma está condenada a su lugar preciso, también en la empresa moderna cada individuo ocupa un puesto que refleja su valor percibido, su lealtad, su funcionalidad al sistema. Cambiar de lugar no es solamente una decisión logística: es un acto político. Porque, en el mundo corporativo, el espacio es poder.

Territorialidad empresarial (continuación): de la conquista al ecosistema

Sin embargo, no todas las empresas entienden el territorio como un campo de batalla. Frente a la obviedad de la conquista y el castigo, algunos modelos emergen con otra visión: una lógica biológica, relacional, más cercana a la cooperación que a la exclusión. Aquí, la empresa deja de comportarse como un ejército o una mafia y comienza a funcionar como un organismo vivo.

Las organizaciones que realmente sobreviven no son las más agresivas ni las que más territorio conquistan: son las que aprenden a adaptarse. El futuro pertenece a las corporaciones que logran insertarse de forma inteligente en su entorno, nutriéndose continuamente de él, y no a aquellas que buscan dominar el mercado.

Esta perspectiva transforma la idea de territorio: ya no se trata de imponer fronteras ni de defender espacios a toda costa, sino de crear redes de sentido, de establecer relaciones sostenibles con el entorno —ya sea el mercado, la comunidad o los propios trabajadores—. La empresa del futuro, en este aspecto, no compite: coexiste.

Esta visión rompe radicalmente con la territorialidad tradicional. Nos dice que el poder no necesita ser excluyente para ser eficaz. Que el orden puede sostenerse sin castigo. Que el territorio puede ser compartido sin perder identidad. Y que, quizás, la empresa del futuro no sea un imperio... sino una comunidad.

Pero si el territorio deja de ser un espacio de exclusión, si ahora se trata de crear redes de sentido y no de imponer fronteras ni de defender espacios propios, ¿dónde quedan los apocalípticos y los integrados? ¿Desaparecen esas dos posturas o se transforman?

Tal vez la respuesta no sea eliminarlos y sí reconocer que ambas actitudes forman parte del tejido de toda comunidad. Porque para que una red de sentido exista —para que sea realmente viva, diversa, adaptable— no puede ser homogénea. Tiene que ser capaz de incluir a quienes quieren proteger lo propio (los apocalípticos) sin expulsar a quienes buscan transformar lo común (los integrados).

Crear redes no es lo mismo que disolver diferencias. Es sostener la tensión entre identidades, es abrir un espacio simbólico donde el miedo y el entusiasmo por el cambio puedan convivir sin anularse mutuamente.

Aquí se revela una dimensión profundamente ética del poder: ¿puede una organización, una empresa o una comunidad construir su orden sin exigir uniformidad? ¿Puede generar sentido común sin sacrificar la diferencia? ¿Puede sostener la red sin necesidad de un centro fijo que excluya a lo periférico?

Tal vez el desafío no sea elegir entre apocalípticos e integrados, sino crear estructuras donde ambos tengan voz, donde el uno no sea anatema para el otro y el conflicto no lleve inevitablemente al castigo o a la expulsión. Una red verdadera —como una empresa viviente— no elimina las tensiones, las metaboliza. Las convierte en energía.

Quizás por eso, el lugar más fértil para pensar esta lógica, en lugar de ser el Infierno de la exclusión definitiva o el Paraíso de la integración absoluta, lo sea el Purgatorio: esa zona de tránsito donde el castigo no es condena, es transformación. Allí, Dante encuentra un territorio habitado por la ambigüedad, donde las tensiones no se resuelven, aunque tampoco se aniquilan. Un lugar donde el alma no es castigada por lo que fue, sino educada para lo que puede llegar a ser.

El Purgatorio puede leerse como un entorno donde las diferencias no se purgan, se procesan; donde la identidad no se fija por la exclusión, se moldea a través del diálogo, el tiempo, la convivencia.

En este territorio intermedio, los apocalípticos y los integrados no se disuelven. Coexisten. Se tensan, se miran con sospecha, se incomodan, pero no se destruyen mutuamente. La organización que aspira a la vida —no solo a la eficiencia— debe saber habitar en esa tirantez sin caer en el castigo ni en la indiferencia.

Porque toda red de sentido verdadera debe incorporar el conflicto como parte de su estructura, y toda comunidad que quiera sobrevivir más allá del corto plazo deberá aprender a convivir con el otro, incluso cuando ese otro desafía sus límites.

Como en el Purgatorio de Dante, tal vez el futuro no consista en llegar a un orden perfecto, sino en caminar juntos —con dudas, con contradicciones, con diferencias— hacia un horizonte en común. Un territorio que en lugar de conquistarse, se construye.

¿Y qué lugar queda para el escepticismo?

En este territorio intermedio, los apocalípticos y los integrados no se disuelven. Coexisten. Se tensan, se miran con sospecha, se incomodan, pero no se destruyen mutuamente. Al menos, en teoría. Porque, en la práctica —lo sabe bien cualquier observador del mundo organizacional o empresarial—, la competencia no siempre deja espacio para el equilibrio.

Es aquí donde el escepticismo se cuela como una respuesta lúcida y dolorosa. Una objeción que no niega la posibilidad de redes más abiertas, pero que advierte sobre la estructura darwiniana que aún domina muchos sistemas: el más grande absorbe al más pequeño, el más rentable impone su modelo y la lógica del mercado sigue premiando la expansión antes que la coexistencia.

La idea de que las diferencias pueden metabolizarse, de que las tensiones pueden generar energía creativa, suena inspiradora. Pero el escéptico recuerda que incluso las redes más flexibles pueden volverse jerárquicas, que las empresas más tolerantes pueden fagocitar culturas ajenas con el lenguaje de la integración. Que detrás del discurso de la «colaboración», muchas veces se esconde una asimilación disfrazada de diálogo.

Así, el escepticismo no niega la posibilidad de un Purgatorio como espacio de tránsito. Lo que cuestiona es quién controla esa circulación, quién decide quién asciende y quién queda detenido y si esa supuesta zona de transformación no termina reproduciendo, de forma más sutil, las mismas lógicas de exclusión que critica.

El verdadero desafío, entonces, no es imaginar redes donde todo conviva en armonía, sino crear estructuras lo bastante conscientes de sus propias tensiones como para no caer en la ilusión de la neutralidad. El escepticismo, en este contexto, no es cinismo: es una forma crítica de vigilancia ética. Una manera de decir que incluso las mejores intenciones pueden volverse totalitarias si no reconocen sus límites.

El pacto entre familias: la tregua como territorio

En el universo mafioso retratado en *El padrino*, uno de los momentos más densos simbólicamente es la reunión de los capos convocada por Don Vito Corleone para pactar una tregua después de la guerra entre familias. En ese instante, los enemigos no se disuelven, pero suspenden la lógica del castigo, renuncian momentáneamente al deseo de venganza y acuerdan una coexistencia precaria. El poder no se impone por la fuerza, sino por la palabra. Se crea, así, un territorio simbólico compartido, una especie de Purgatorio mafioso, donde la tensión se gestiona y no se ejecuta.

Esta tregua es frágil, pero funcional. Permite que las familias sigan haciendo negocios, que el sistema no colapse por exceso de sangre. El pacto no borra los agravios, aunque los silencia temporalmente. Es un ejercicio de contención emocional y política: todos saben que el orden necesita límites y que la violencia total devora incluso a sus vencedores.

Sin embargo, este espacio de equilibrio, como todo territorio compartido, corre el riesgo constante de ser traicionado desde dentro. Y ese riesgo no proviene necesariamente del enemigo externo, sino del ventajista interno: aquel que desincroniza su lealtad, que ve en la tregua, más que una oportunidad de estabilidad, un momento perfecto para avanzar ocultamente, sacar ventaja, debilitar al adversario cuando está desprevenido.

En *El padrino*, este gesto está encarnado en personajes como Salvatore Tessio, que, pese a su aparente fidelidad, conspira con los enemigos de Michael Corleone. Tessio no rompe la tregua porque no la entienda, lo hace porque cree que puede ganar destruyéndola, que puede reorganizar el sistema a su favor. Su acto es, en el fondo, inmoral y profundamente cínico: destruye la red simbólica que lo sostuvo para instalar una nueva, más ventajosa, donde él ocupe el centro.

Este tipo de traición no es simplemente personal: es estructural. Es una negación del pacto como tal. El ventajista no se limita a actuar fuera de las normas: las dinamita desde dentro, bajo la apariencia de lealtad. En términos simbólicos, es la figura dantesca del traidor, del círculo más profundo del Infierno, el que rompe el pacto no por miedo ni por pasión, sino por cálculo frío. El que destruye el puente sabiendo que lo cruzará primero.

En este sentido, la tregua como territorio compartido está siempre amenazada por el oportunismo disfrazado de pertenencia. Toda red simbólica puede ser instrumentalizada por quien cree en su utilidad estratégica, más que en su valor ético. Y, cuando eso ocurre, el Purgatorio se derrumba y el sistema vuelve al castigo, al silencio, al hielo.

¿Puede un sistema anular al inmoral que opera desde dentro sin destruir sus propios principios?

¿Cómo se castiga al que niega el valor del castigo, sin volverse como él?

En toda estructura, en todo pacto —mafioso, corporativo, político o ético— existe siempre una figura disruptiva: el inmoral estratégico, el ventajista que no transgrede desde fuera, sino desde dentro, usando las reglas como herramientas, no como límites. No desafía el sistema: lo habita mientras lo mina. Su traición no es explícita, es estructural. No busca romper el orden: busca reemplazarlo por uno que él controle.

La pregunta es inevitable: ¿puede el sistema anular a quien lo desafía desde dentro sin traicionar su propia lógica? ¿Puede castigar al que niega el valor del castigo, sin volverse como él?

Desde la mirada de Jacques Derrida, esta es una aporía sin resolución satisfactoria. El sistema que castiga al traidor rompe, en cierto sentido, su propia promesa: se convierte en espejo de aquello que condena. Derrida lo plantea en sus reflexiones sobre el perdón y la ley: todo acto de justicia absoluta se topa con su límite cuando debe lidiar con lo que está fuera del lenguaje del pacto, lo imperdonable, lo inmoral sin culpa.

«El perdón puro solo se concibe allí donde hay lo imperdonable».

El ventajista que destruye la tregua —como Tessio en *El padrino*— no busca redención ni acepta las reglas del juego. Solo el cálculo. Castigarlo puede ser necesario, pero, en términos derridianos, eso implica que el sistema suspende su ética para proteger su estructura. El castigo pierde su dimensión simbólica y se reduce a una reacción bruta. ¿Y si, al anular al traidor, el sistema se traiciona a sí mismo?

El dilema de Derrida no es funcional, es ético: ¿cómo permanecer justo frente a lo que niega la justicia? ¿Cómo mantener el valor del código frente a quien lo utiliza como máscara?

Frente a esta paradoja, Thomas Hobbes ofrece una salida radicalmente distinta: el pacto solo se sostiene si existe un poder superior que pueda castigar con eficacia. Sin esa espada, dice, los pactos no son más que palabras. En este marco, el traidor no es una excepción moral, sino una posibilidad constante. Por eso, el sistema debe estar armado para extinguirlo rápidamente, aunque eso implique una forma de violencia soberana.

«La naturaleza del hombre... es tal que, si dos desean lo mismo, se vuelven enemigos».

No se trata de coherencia ética, sino de eficacia política; la pregunta no es cómo castigar sin volverse injusto, es cómo evitar que el traidor destruya todo antes de ser neutralizado. Su respuesta es clara: la autoridad debe tener el poder de castigar incluso a costa de parecer brutal. Porque lo contrario es el retorno al caos.

Finalmente, Zygmunt Bauman nos lleva a otro terreno: el de la contemporaneidad, donde los vínculos son volátiles y la ética institucional ha perdido su solidez. En este contexto, el inmoral es un producto del sistema mismo y no una anomalía. La flexibilidad, la adaptabilidad, la competencia constante son valores que el mercado celebra... hasta que se vuelven destructivos.

«En la modernidad líquida, las relaciones se consumen como productos».

El ventajista se mueve como pez en el agua en un mundo donde nada está del todo comprometido. Las organizaciones que premian la innovación, la ambición y el rendimiento muchas veces forman a sus propios traidores. Castigarlos se vuelve difícil porque actúan en nombre del mismo código que ahora cuestionan.

La pregunta es menos sobre castigo y más sobre cómo construir comunidades donde la confianza pueda sostenerse sin violencia. Pero él mismo es escéptico: los tiempos líquidos no permiten estructuras duraderas. Y sin estructuras, todo castigo se vuelve anecdótico, y toda traición, parte del ciclo.

Epílogo. ¿Y en la copa de los árboles?

Al final del trayecto —después del Infierno, del despacho del CEO, del pacto mafioso, del territorio compartido—, regresamos a la selva, a los árboles. Donde el poder no se disfraza de virtud, ni el castigo de eficiencia, ni la traición de estrategia política. Allí, en las copas de los árboles, los chimpancés siguen organizando su mundo con una lógica ancestral y brutal, pero reconocible.

¿Qué pasa allí cuando alguien rompe el código? ¿Cuando un aliado traiciona, cuando un macho transgrede el equilibrio, cuando una hembra cruza una alianza prohibida?

¿Hay lugar, entre ellos, para mantener el valor del código frente a quien lo usa como máscara? ¿O todo castigo se vuelve anecdótico y toda traición, parte del ciclo? ¿O el sistema responde con violencia soberana, expulsando, aislando, destruyendo sin miramientos?

La respuesta parece ser: las tres.

Como en Derrida, los chimpancés no tienen una justicia pura. La traición no siempre se castiga, porque a veces el grupo se fragmenta, se reconfigura, deja pasar. El código no es una ley fija, es un equilibrio que se negocia y se adapta.

Como en Hobbes, cuando el poder se tambalea, el castigo puede ser fulminante. La agresión colectiva no es abstracta: es física, definitiva. No hay tribunales. Hay cuerpos. El traidor es perseguido, golpeado, marginado. El orden se reconstituye a través de la fuerza, no del perdón.

Y como en Bauman, todo se reinicia, una y otra vez. Los ciclos de traición y castigo no producen una memoria estable, sino una historia en espiral. Se perdona, se olvida, se rehace el vínculo... hasta que vuelve a romperse. El sistema no tiene archivo: tiene instinto. La cohesión es provisional. La confianza, siempre relativa.

Este retorno a la copa de los árboles no es una regresión. Es una advertencia. Nos recuerda que las lógicas del poder humano —por más sofisticadas que sean— siguen operando sobre bases biológicas, emocionales, narrativas. Que ni el lenguaje ni el derecho ni la ética han logrado eliminar la figura del traidor, solo le han dado nuevos disfraces.

Y quizás por eso el castigo no desaparece. Porque sigue siendo nuestra forma de narrar el quiebre, de estabilizar lo inestable, de señalar al otro cuando ya no sabemos quiénes somos nosotros.

La copa de los árboles, como la sala de juntas, como la mesa de los capos, como los círculos de Dante, nos dice que el orden nunca es definitivo. Que todo pacto es frágil. Que el poder, incluso, sigue necesitando rituales de exclusión para afirmarse.

Organizar el infierno

Aun así —y quizás por eso mismo—, sigue siendo valioso seguir preguntando cómo castigar sin volverse como el traidor. Cómo mantener el código sin convertirlo en máscara. Cómo convivir sin destruir.

7. DECRECER PARA MADURAR: REPENSAR EL ÉXITO EN LA EMPRESA

En un mundo que ha hecho del crecimiento una religión silenciosa, detenerse, retroceder o incluso decrecer parece una forma de herejía. Las empresas aprenden desde su nacimiento que crecer es vivir, y que no hacerlo es morir. Más ingresos, más mercados, más impacto, más métricas. El éxito, en esta narrativa, es siempre acumulación. Pero ¿qué pasaría si ese éxito no fuera «más», sino «mejor»? ¿O más lento? ¿O más consciente?

El crecimiento como mito cultural

Desde una mirada antropológica, el crecimiento no es solamente una variable económica: es un mito cultural profundamente arraigado. Una narrativa de progreso continuo que conecta con valores modernos como la competencia, la velocidad, la juventud, la conquista. Una empresa que crece se percibe como fuerte, visionaria, ganadora. Una empresa que decrece, como frágil, errática, en declive.

Decrecer como forma de sabiduría

En lugar de ver el decrecimiento como pérdida, podríamos pensarlo como un momento de revisión, ajuste y redefinición. Una oportunidad para salir del automatismo del «más» y preguntarse: ¿Quiénes somos ahora? ¿A qué ritmo queremos movernos? ¿Qué es lo esencial que vale la pena conservar?

El nuevo éxito: no más, sino mejor

Cambiar el modelo de éxito implica también desactivar ciertos mitos internos. El mito del crecimiento perpetuo. El de la expansión como sinónimo de innovación. El de la visibilidad como validación del mérito.

Aceptar el decrecimiento como fase no es resignarse. Es madurar. Es entender que no todo ciclo termina en colapso, y que no todo descenso es caída. A veces, decrecer es una forma de florecer hacia adentro. De volver al origen. De cuidar lo que queda. De dejar espacio para que vuelva a nacer lo que vendrá.

Ivan Illich, en su crítica a las instituciones modernas, advierte cómo muchas de ellas terminan funcionando en contra de los fines para los que fueron creadas. La empresa que solo busca crecer acaba minando su cultura, agotando a sus equipos, desdibujando su sentido.

Epílogo. La conquista interior

«Una gran civilización no es conquistada desde fuera hasta que no se ha destruido a sí misma desde dentro» (Will Durant).

Esta frase no es solamente una advertencia histórica. Es también una forma de leer lo que ocurre cuando una organización —como una civilización— pierde contacto con su propósito y con los vínculos que la sostienen. No se trata de enemigos externos ni de errores circunstanciales, sino de algo más profundo: la erosión interna.

El caso mexica: la conquista facilitada por la fractura interna

La caída del imperio mexica lo demuestra con crudeza. En 1519, Hernán Cortés desembarca en las costas mesoamericanas con un ejército ínfimo frente al poder de Tenochtitlán. Sin embargo, apenas dos años después, el imperio más poderoso de Mesoamérica había colapsado. ¿Cómo fue posible?

Porque la conquista no comenzó con las armas españolas, lo hizo con una fractura simbólica interna: una hegemonía que ya no integraba, sino que oprimía; un poder que imponía tributos, sacrificios y castigos a pueblos como los tlaxcaltecas, que acabaron por aliarse con el invasor extranjero. Cortés no conquistó solo. Fue recibido, seguido y asistido por quienes ya no reconocían a los mexicas como centro legítimo de orden y pertenencia.

El imperio cayó, más que por la fuerza del extranjero, porque ya no se sostenía desde dentro.

La historia muestra que el enemigo externo solo triunfa cuando el vínculo interno se ha descompuesto. Y lo mismo puede decirse de muchas organizaciones modernas: lo que las destruye no siempre llega desde fuera, sino desde la pérdida de cohesión, de propósito, de sentido compartido.

Escipión el Africano: reconstruir desde la grieta

En la trilogía de Santiago Posteguillo, especialmente en *Las legiones malditas*, Publio Cornelio Escipión representa una figura ejemplar del pensamiento estratégico que sabe leer la fragilidad del otro, pero también restaurar la propia. Al asumir el mando de las legiones V y VI —marcadas por la derrota de Cannae y el estigma del fracaso—, Escipión no solo diseña una estrategia militar: reconstruye un relato colectivo, resignifica la vergüenza como oportunidad y restituye la confianza mediante el sentido.

«Las batallas se pueden ganar con el corazón, pero las guerras solo se pueden ganar con la cabeza» (Santiago Posteguillo, *Las legiones malditas*).

Más allá de su victoria táctica en Zama, lo decisivo en Escipión es su visión: entiende que una legión no se salva con castigos ni arengas, sino con identidad, con propósito, con reconocimiento. Del mismo modo, la guerra contra Cartago no se gana solo en el campo de batalla: también en la capacidad de tejer alianzas, leer fisuras, anticipar deslealtades. Su pacto con Masinisa, su comprensión del desgaste moral de Aníbal, su apuesta por la audacia estratégica, muestran a un líder que entiende que el conflicto es también una narrativa, y que quien controla el relato, domina la guerra.

Lo que Escipión enseña a la organización moderna

Escipión no se limita a vencer. Repara. Y eso es lo que una empresa que atraviesa el agotamiento puede aprender: no toda crisis exige expansión, a veces pide reconstrucción simbólica. En lugar de seguir creciendo hacia afuera, hace falta mirar hacia adentro: ¿cuál es la historia que nos contamos? ¿Qué nos une? ¿Qué nos sostiene?

En tiempos donde el éxito se mide por la acumulación, Escipión —como figura literaria y política— propone otra ética: la del repliegue inteligente, la del cuidado como estrategia, la del liderazgo que escucha antes de imponer. Su victoria no es solamente táctica: es narrativa. Porque la verdadera conquista no es la del otro, sino la de uno mismo antes de que el interior se fracture o colapse.

El verdadero colapso

La conquista interior —la verdadera derrota— ocurre cuando se abandona el cuidado, cuando se normaliza la fatiga, cuando el vínculo con el otro se reduce a utilidad. Todo lo demás —competencia, crisis, caída— llega después.

Y, quizás por eso, decrecer no es retroceder. Es recordar lo esencial antes de olvidarlo del todo. Es proteger la raíz mientras todavía tiene savia. Es cuidar el centro antes de que el sistema se vacíe desde dentro.

Cuando el poder mata lo que debería proteger: el sacrificio que el sistema no puede soportar

En *El padrino III*, Vincent Mancini, hijo ilegítimo de Sonny Corleone, es elegido por Michael para heredar el poder de la familia. Pero hay una condición innegociable:

«Si quieres ser Don, no puedes amar a mi hija».

Es una frase cargada de tragedia. Michael, marcado por décadas de violencia, ya ha aprendido que el poder —en su forma más cruda— no tolera el amor. Que para preservar el sistema hay que sacrificar lo más humano. Y, sin embargo, Vincent no puede. Ama a Mary. La ama con la intensidad de quien ha crecido entre silencios, lealtades rotas y vacíos emocionales.

Cuando Mary muere, en la escalinata de la ópera no solo se apaga una vida, sino que se evidencia el colapso interno de la estructura. El sistema que tenía que protegerla la ha destruido. La familia que debía honrar la sangre la ha traicionado desde su lógica implacable. La condición de no amar se volvió inhumana, y su ruptura, inevitable.

Vincent hereda el trono, pero no puede sostener el sacrificio.

Michael impone la norma, sin soportar su precio.

Mary paga por una fidelidad que no eligió.

Así se consuma la conquista interior: no con balas enemigas, sino con la fractura del vínculo más sagrado. El sistema colapsa no porque el enemigo lo venza: lo hace porque exige renunciar a lo que ya no se puede dejar atrás sin perderse por completo.

Esta escena es espejo y eco de lo que tantas organizaciones, instituciones o culturas experimentan: el momento en que el sistema, por mantenerse intacto, exige lo intolerable. Y, al hacerlo, se convierte en su propio verdugo.

La escena culminante de *El padrino III* se desarrolla tras una función de ópera en la que Anthony, el hijo de Michael Corleone, ha debutado como tenor. La familia —con Michael, Vincent y Mary— baja las escalinatas del teatro en Palermo, mientras el aire parece, por un instante, libre de amenazas.

Es un momento de celebración que insinúa redención. Pero esa esperanza se quiebra en un instante.

Un asesino se abre paso entre la multitud. Dispara. Michael no recibe la bala. La bala es para Mary.

El disparo no suena solo como violencia. Suena como la sentencia de una tragedia largamente escrita. El cuerpo de Mary cae en cámara lenta. Michael gira. La ve. Y entonces grita.

Es un grito mudo, extendido, desgarrador, ahogado por la música y el tiempo que congela el instante: Michael abre la boca, pero no oímos nada. El silencio se vuelve más brutal que cualquier explosión.

Es el silencio del alma rota. Es el grito que no redime. Es el momento exacto en que el poder mata aquello que juró proteger.

La bala no solo mata a Mary. Mata la posibilidad de que el sistema se redima. Mata el futuro, la fe en la transformación.

En ese instante, el sistema mafioso colapsa. No porque caigan sus enemigos, sino porque ya no puede proteger su núcleo afectivo. Ya no puede sostener la vida que prometía defender.

Y Michael, que había querido proteger a su hija del mismo destino que arrasó a sus hermanos, ve cómo su silencio, su poder, su legado lo traicionan.

El disparo no viene del enemigo. Proviene de la lógica del sistema que él mismo construyó. Y, al final, lo deja solo.

Cuando el poder pide sacrificar lo que más se ama para sobrevivir, ya no vale la pena que sobreviva.

Anatomía del colapso

No todas las organizaciones se destruyen por impactos externos. Muchas se desmoronan lentamente, desde dentro, en silencio. Como templos que aún conservan su fachada, pero cuyos pilares internos se han podrido. Como cuerpos que siguen funcionando, aunque han olvidado por qué viven.

Ese es el verdadero colapso: el momento en que el poder deja de cuidar, el liderazgo deja de escuchar, la comunidad deja de creer. Y, cuando eso ocurre, no importa cuánto tiempo más resista el edificio. Ya no hay nadie dentro para habitarlo.

En este epílogo, tres mundos —empresa, Dante, chimpancés— se entrecruzan para decirnos lo mismo: el colapso no empieza con el enemigo. Comienza con el olvido.

El colapso en la empresa: cuando la cultura se convierte en retórica

Una empresa no colapsa el día que se declara en quiebra. Lo hace mucho antes, cuando los que la habitan dejan de creer en su propósito.

Cuando la misión se repite como mantra vacío. Cuando el liderazgo ya no inspira, solo exige. Cuando la cultura se convierte en *marketing* interno. Cuando la conexión emocional con el trabajo desaparece.

El síntoma no es la caída financiera: es el cansancio existencial que ya no encuentra sentido.

La obsesión por crecer, medir, rendir... sin detenerse nunca a preguntar: ¿para qué? Ese es el momento en que el sistema empieza a girar sobre sí mismo como una maquinaria vacía. Eficiente, tal vez. Pero vacía.

Y, cuando eso ocurre, lo demás es cuestión de tiempo: el *burnout*, la fuga de talento, el cinismo organizacional, la pérdida de reputación. No como errores aislados; como síntomas de una cultura que dejó de cuidarse a sí misma.

El colapso en el Infierno de Dante: la perfección como prisión

El Infierno de Dante no arde por su caos, sino por su orden perfecto. Es un sistema donde cada transgresión recibe exactamente su castigo. Todo encaja. Nada se mueve. Nadie cambia.

Y eso, que a primera vista parece justicia, se revela como condena eterna.

Los pecadores no pueden arrepentirse ni redimirse. Solo repetir su falta por la eternidad, congelados en el reflejo simbólico de su pecado. El sistema dantesco no ofrece transformación. Solo castigo. Solo estancamiento.

Es la imagen de una organización que, por miedo a perder el control, renuncia al cambio, al matiz, a la escucha.

El Infierno no cae, pero se vuelve infértil. Y esa es su verdadera ruina: una estructura que ya no puede acoger la vida, ni abrirse al error, ni tolerar la diferencia. Como tantas instituciones que, por defender su orden interno, expulsan toda posibilidad de evolución.

El colapso entre los chimpancés: el fin del vínculo, no del dominio

En los grupos de chimpancés, el poder se construye día a día. El alfa más longevo no es necesariamente el más fuerte, sino el más hábil para tejer alianzas, calmar tensiones y ser reconocido como figura protectora.

Pero cuando ese equilibrio se rompe —cuando el alfa abusa, ignora, impone—, el grupo reacciona.

Lo que lo destrona no es otro macho más fuerte. Es la pérdida de legitimidad. Es el retiro del afecto colectivo. Es el instante en que el grupo decide que ya no merece su lugar.

El colapso no es físico. Es simbólico. Lo que se derrumba es la relación invisible que sostenía el poder.

Y cuando esa red se rompe, el líder cae, casi sin resistencia.

¿Por qué entran en guerra los chimpancés? El colapso desde la frontera

A diferencia de los conflictos dentro del grupo, que suelen tener como objetivo reequilibrar jerarquías o restaurar alianzas rotas, la guerra entre comunidades de chimpancés surge cuando la lógica del «nosotros» necesita consolidarse en oposición a un «ellos».

La identidad grupal en los chimpancés no se construye solo a través de la cooperación interna, también con la exclusión activa del otro. La guerra se vuelve una forma de fortalecer los vínculos hacia adentro mediante la agresión hacia afuera.

Pero lo más inquietante es esto: la guerra no surge cuando hay escasez, sino cuando hay suficiente cohesión interna como para atacar juntos.

Jane Goodall documentó un caso brutal en el grupo de Kasakela en Gombe, Tanzania, donde una comunidad dividida en facciones entró en una escalada de violencia organizada. Un grupo exterminó sistemáticamente al otro, uno por uno, en ataques coordinados, emboscadas, mutilaciones. No fue una explosión de violencia. Fue un colapso lento de la alianza original, seguido de una guerra planeada, persistente, simbólica.

La guerra en los chimpancés, más que a una necesidad biológica inmediata, responde a un desequilibrio simbólico: cuando el «nosotros» se ve amenazado por la ambigüedad, la diferencia, la grieta.

Y, entonces, la guerra aparece como restauración identitaria. No como defensa, como purga. Como si eliminar al otro fuese la única manera de restablecer el relato común.

Reflejo en las organizaciones humanas

Esta lógica se puede trasladar directamente a muchas organizaciones humanas: cuando el grupo pierde cohesión interna, busca un enemigo externo que le devuelva identidad. Se construyen relatos de «nosotros contra ellos» —otras áreas, la competencia, los críticos— no como estrategia, sino como mecanismo simbólico de supervivencia del grupo.

La guerra, en última instancia, aparece cuando el sistema ya no sabe quién es sin oposición.

Y eso también es una forma de colapso: cuando la única manera de sostener la identidad es destruir otra.

Tres territorios, una advertencia

Dante construyó un Infierno sin salida.

Los chimpancés castigan sin violencia institucional.

La empresa moderna gira hasta agotarse a sí misma.

Son tres mundos diferentes. Y, sin embargo, sus lógicas convergen en un punto crítico:

cuando el sistema sacrifica el cuidado por el control,

cuando el vínculo se convierte en instrumento,

cuando la norma se vuelve dogma,

cuando el poder se impone sin sostener...

...entonces el colapso se convierte en inevitable.

Porque no hay estructura que resista cuando el alma que la habita ha sido expulsada. Ni estrategia que funcione cuando ya nadie cree en lo que hace. Ni castigo que ordene cuando lo único que produce es miedo.

El rostro final del colapso

El colapso no es un derrumbe. Es una mirada perdida. La del pecador congelado en su pecado. La del alfa que grita y ya nadie escucha.

El colapso es la ausencia de comunidad real, es el fin del diálogo, es la pérdida del propósito, es el momento en que el sistema ya no se sostiene por afecto, sino por inercia.

Y, cuando eso ocurre, puede seguir existiendo un tiempo más... pero ya está muerto por dentro.

Epílogo del epílogo: cómo no colapsar

No se trata de evitar el conflicto. Se trata de no dejar de cuidar en medio del conflicto. De no permitir que la eficiencia sustituya al vínculo. De no congelar el orden hasta volverlo cárcel.

Los sistemas que sobreviven no son los más fuertes. Son los que siguen cuidando lo esencial mientras todo cambia.

8. PARADOJAS DEL PODER

Prólogo. La paradoja como verdad oculta

Vivimos rodeados de paradojas. Dirigir sin imponer. Controlar sin asfixiar. Inspirar sin manipular. Toda organización que crece, que lidera, que se proyecta, se construye sobre una serie de equilibrios inestables. Aun así, el discurso del *management* moderno prefiere la linealidad: metas, estrategias, KPI's, escaladas. Como si gobernar una empresa fuese un acto técnico, medible y neutral.

Pero dirigir —como bien lo saben los antiguos, los filósofos y también los mafiosos— es un arte oscuro. Un arte hecho de contradicciones que no se resuelven: se habitan.

En 1996, un equipo de consultores de Price Waterhouse publicó un libro titulado *Las paradojas de la dirección*, donde advertían que las empresas más exitosas no son las que eliminan las contradicciones, son las que saben moverse en ellas: ordenar sin sofocar, crecer sin desarraigarse, controlar sin ser temidas. Lo que parecía una guía para directivos se convirtió, en realidad, en un mapa de tensiones existenciales.

Décadas antes, *El padrino* ya nos había mostrado lo mismo con una intensidad teatral: un Don que no manda con gritos, sino con gestos; un imperio familiar que se expande... pero se pudre por dentro; un sistema que exige lealtad absoluta, aunque no pueda devolverla del todo.

¿Qué diferencia real hay entre una empresa y una organización mafiosa? ¿No comparten acaso muchas de las mismas paradojas?:

La lealtad como capital subyacente.

La necesidad de crecer sin ser devorados por la codicia.

La ambivalencia entre cuidar y castigar.

El riesgo de que el poder termine exigiendo sacrificios inhumanos para sobrevivir.

Este ensayo no busca igualarlas; busca hacerlas dialogar. Poner en tensión las enseñanzas del mundo corporativo con las lecciones del crimen organizado. Y quizás, al hacerlo, vislumbrar algo más profundo: que toda estructura de poder —legal o no— es también una arquitectura que sostiene una narrativa. Y que, cuando esa narrativa se quiebra, ni el liderazgo más brillante puede salvar el sistema.

Este texto no propondrá soluciones simples. Solo un mapa de paradojas. Porque, tal vez, lo más honesto que puede ofrecer un ensayo hoy es acompañarnos en el arte de pensar las contradicciones sin huir de ellas.

Antes de entrar al juego: ¿qué es una paradoja?

Antes de sumergirnos en las tensiones que cruzan la empresa y la mafia, conviene detenernos en la palabra que da nombre a todo este ensayo: paradoja.

Decimos que algo es paradójico cuando parece contradictorio, pero no lo es del todo. Cuando una afirmación suena absurda en la superficie, aunque contiene una verdad profunda en el fondo. Cuando dos fuerzas opuestas no se anulan, sino que se necesitan para sostener una forma compleja de equilibrio.

La paradoja no es un error del pensamiento: es su prueba de madurez. En la dirección, en el liderazgo, en el poder.

En el mundo empresarial, se pide al líder que controle... pero que no asfixie. Que inspire... pero que sea realista. Que exija resultados... pero que cuide a su equipo. Que sea carismático... pero no dependiente del ego. Que innove... pero sin poner en peligro la estabilidad.

¿Y en la mafia? Se exige lealtad absoluta; sin embargo, se vive con traición constante. Se ofrece protección, pese a que se castiga con brutalidad. Se dirige con autoridad, aunque no se grita: se susurra. Todo debe parecer familiar... incluso cuando se decreta la muerte.

Una paradoja, entonces, no es una contradicción a evitar. Es un espacio a habitar. Un umbral en el que el poder se vuelve humano. Y donde el que manda, si quiere sobrevivir, debe aceptar que no puede resolverlo todo. Solo sostener la tensión sin romperla.

Una paradoja es una verdad que respira en dos pulmones opuestos. Si le quitas uno, se ahoga. Si aceptas ambos, vive.

Controlar sin asfixiar: el liderazgo que protege sin encerrar

Toda organización necesita control. Sin control, hay caos. Sin orden, no hay estructura ni resultados ni dirección. Pero cuando ese control se vuelve absoluto, excesivo, invasivo, lo que debía proteger empieza a destruir. El control, si no deja espacio, se convierte en asfixia.

En la empresa moderna, esto se traduce en estructuras jerárquicas rígidas, métricas constantes, procesos de supervisión que lo ven todo... pero que no dejan respirar. La organización que quiere tenerlo todo bajo control termina generando pasividad, miedo y desconfianza.

Nadie innova bajo vigilancia. Nadie crece si lo están midiendo cada cinco minutos.

En la mafia: el Don que nunca necesita levantar la voz

En *El padrino*, Vito Corleone jamás grita. No necesita hacerlo. Su poder no se impone: se percibe. Su control es casi espiritual. Está presente incluso cuando no está.

«Un hombre que no dedica tiempo a su familia nunca puede ser un verdadero hombre». (Vito Corleone).

Esa frase no es solamente un consejo paternal: es una forma de establecer el orden. De decir qué valores sostienen al grupo sin necesidad de un manual de conducta. El Don no administra: crea atmósfera. No impone reglas: genera lealtad. El buen líder —en la empresa o en la mafia— intuye cuándo intervenir y cuándo retirarse. Sabe que dirigir no es estar encima, sino establecer un marco donde otros puedan dar lo mejor de sí.

El poder en los márgenes: lo que no se dice, pero ordena

El poder verdadero no se grita. Se intuye. Se percibe en los márgenes de una conversación, en el gesto que interrumpe el silencio sin romperlo, en el lugar que ocupa alguien en una sala sin que nadie lo haya asignado formalmente.

A veces, lo central es solo decorado. Pero lo que organiza de verdad está en otra parte: en lo que no se dice, en lo que no necesita ser explicado porque ya se ha instalado como atmósfera, como estructura invisible.

La semiótica ya lo había intuido. Roland Barthes habló de la diferencia entre lo denotado y lo connotado. La denotación es lo que se dice literalmente. La connotación, lo que se sugiere culturalmente, lo que flota en el ambiente. Y ahí está el poder. No en el grito; en la pausa que incomoda. No en la orden escrita; en la mirada que indica que algo no debe hacerse.

La comunicación está hecha tanto de palabras como de vacíos, de silencios, de huecos por rellenar. Y, a veces, el sentido verdadero de un texto no está en su centro, sino en los márgenes. Lo importante, más que lo que está escrito, es lo que se ha borrado para escribirlo.

En la mafia, este principio se vuelve casi litúrgico. El Don no necesita dar órdenes: basta con que mire hacia otro lado para que todo cambie de rumbo. No manda con palabras, lo hace con su sola presencia. Lo que no se dice, en ese mundo, es lo que realmente importa. La amenaza no se formula: se encarna.

Y entonces se entiende la paradoja: que lo visible no siempre es lo verdadero, y que el poder más profundo no es el que se exhibe, sino el que se inscribe sin hacer ruido.

El poder verdadero no se grita. Se intuye en los márgenes. Porque estos no son un borde. Son el lugar donde respira lo esencial.

Paradoja 2: expandirse sin perder el alma

Toda organización nace con una idea. Una visión. A veces, una utopía. Y, al principio, esa concepción es frágil, íntima, casi artesanal. Vive en la conversación entre socios, en la primera hoja de ruta dibujada en una libreta, en las decisiones que todavía se toman con el cuerpo, con la intuición, con los ojos del otro delante.

Pero luego viene el crecimiento. La necesidad de escalar. De profesionalizar, automatizar, replicar. Y algo se transforma: el alma que daba sentido empieza a ser sacrificada, poco a poco, en el altar de la eficiencia.

Expandirse es natural. No obstante, también es peligroso. Porque lo que nos trajo hasta aquí no siempre nos sirve para llegar más lejos, y en esa transición, muchas organizaciones pierden su voz. Su ritmo. Su identidad.

En *El padrino II*, Michael Corleone quiere hacer crecer el imperio familiar. Convertirlo en un negocio limpio. Legal. Inmune al caos de la calle. Pero, en ese intento por limpiar la sangre, ensucia lo más profundo de sí mismo.

Expande el negocio... y se aísla. Amplía el control... y rompe los lazos. Protege a su familia... destruyendo la familia.

Lo que en Vito era calor y código, en Michael se vuelve cálculo y desconfianza. El poder crece. Sin embargo, el alma se disuelve.

Lo mismo ocurre en tantas empresas. El deseo de expandirse —de llegar a nuevos mercados, de captar más clientes, de aumentar la facturación— se vuelve un fin en sí mismo. Y entonces se

Organizar el infierno

externaliza todo lo que era íntimo: la cultura, la relación con los equipos, incluso la historia fundacional. ¿Cuándo una empresa deja de ser «nosotros» y se convierte en «eso»? ¿En qué momento el crecimiento deja de ser expansión y empieza a ser exilio?

Expandirse sin perder el alma exige algo casi imposible: mantener la raíz a la vez que se estiran las ramas. Sostener el núcleo mientras se toca lo lejano. Seguir siendo «nosotros» incluso cuando el grupo ya no se reconoce en un solo gesto, una sola voz, una sola memoria.

Los chimpancés también conocen esta tensión.

En la selva, cuando un grupo crece demasiado, las alianzas internas se tensan. Las relaciones emocionales que antes se basaban en el contacto físico constante ya no alcanzan para todos. El líder —el alfa— debe entonces multiplicar su presencia sin volverse omnipresente. Debe controlar los conflictos sin intervenir en todo. Proteger el orden sin dejar de ser reconocido como figura afectiva.

Pero cuando la expansión del grupo supera su capacidad de sostener el vínculo, aparece una paradoja biológica: para mantener la cohesión, a veces el grupo debe dividirse. Para no romperse, tiene que fragmentarse.

Y, entonces, la comunidad se escinde en dos: un grupo nuevo se separa, llevando consigo parte del linaje, del relato, del alma original.

¿Es eso decrecer o multiplicarse? ¿Es fragmentación o renacimiento?

La paradoja está ahí: si el grupo crece más allá de su capacidad de cuidado, se vuelve frágil. Pero si no lo hace, se estanca. Y entonces se debe decidir: ¿hasta dónde se puede expandir el árbol... sin perder la raíz que lo alimenta?

Paradoja 3: ser amado y temido... y vivir entre la certeza y la duda
Uno de los pasajes más célebres de *El príncipe* de Maquiavelo plantea una pregunta que ha resonado durante siglos en las cámaras del poder:

«¿Es mejor ser amado que temido, o temido que amado?» (Nicolás Maquiavelo).

Y su respuesta es demoledora, sin adornos: «Lo ideal sería ser ambas cosas, pero, como es difícil reunirlas, es mucho más seguro ser temido que amado».

En la empresa moderna, en la mafia clásica, en los círculos de poder, esta frase funciona como un espejo incómodo. Porque las organizaciones no se construyen solo con eficiencia, se levantan con una combinación precisa de cercanía y respeto, de admiración y miedo. Demasiado amor, y el grupo se relaja. Demasiado miedo, y se rompe.

Pero hay una dimensión más compleja, que Maquiavelo no nombra explícitamente, aunque flota en el fondo de su pensamiento: la tensión interna de una organización no está solo entre lo que genera en los demás... sino en lo que sostiene dentro de sí.

En la mafia: el Don no duda, pero sí decide en el abismo

Vito Corleone parece seguro de cada palabra. Pero es Michael quien encarna esta paradoja con brutal claridad. En *El padrino II*, cuando elimina a Fredo —su hermano, su sangre—, lo hace con el rostro de piedra...pese a que el silencio que lo sigue revela que ni siquiera él sabe si ha hecho lo correcto.

El liderazgo absoluto no admite dudas visibles. Si bien, las invisibles se filtran por los gestos, por la mirada, por el cuerpo que se va encogiendo con el tiempo.

En la empresa: la emoción y la trampa de la empatía

¿Cómo conciliar lo humano con lo estratégico, lo afectivo con lo resolutivo?

La paradoja se intensifica: si dudas, no inspiras. En cambio, si no dudas nunca, dejas de escuchar. Los equipos no siguen a quien tiene todas las respuestas. Siguen a quien sabe habitar la pregunta.

Chimpancés: el alfa que teme, pero no retrocede

En el mundo de los primates, los líderes más duraderos no son los más violentos, son los que saben calmar, negociar, leer las emociones del grupo. Sin embargo, incluso ellos viven bajo amenaza constante. Saben que el poder no es un trono, sino una cuerda tensa. Y, aun así, deben fingir que todo está controlado. El alfa duda. Pero si lo muestra en el momento equivocado, otro saltará sobre su cuello.

Cierre: el beso de Fredo (la traición como fidelidad)

En *El padrino II*, hay una escena que encapsula la paradoja más salvaje del poder mafioso. Michael ha descubierto que su hermano Fredo lo ha traicionado. Durante la fiesta de fin de año en Cuba, entre gritos de celebración y explosiones de fuegos artificiales, se acerca a él, lo abraza y lo besa... en la boca.

No es un gesto de perdón. Es un veredicto sin palabras. Es el beso de la muerte. Es el instante exacto en que el amor se convierte en condena. Pero lo más brutal no es el acto en sí. Es su lógica:

El código de la mafia dice que no se puede traicionar a la familia. Por desgracia, para que ese código subsista... Michael debe traicionar el vínculo más sagrado: su hermano.

Ahí está la paradoja: para que la familia sobreviva como sistema, debe sacrificar lo que la hace familia como afecto. Para preservar la norma, Michael debe quebrarla. Para proteger el orden, debe matar lo que ama.

Y ese gesto —ese beso— no grita, no justifica, no se explica. Solo sucede. Sella un destino. Y deja en el aire una pregunta sin respuesta: ¿qué sistema vale tanto como para exigir que lo sostengamos con la sangre de los nuestros?

Cierre simbólico: el ascenso lateral

En muchas empresas, el castigo no llega en forma de grito. Lo hace disfrazado de oportunidad.

Un directivo que incomoda, que cuestiona, que ya no encaja del todo con la cultura predominante, recibe una propuesta cuidadosamente formulada:

«Vamos a trasladarte a un nuevo proyecto estratégico». El lenguaje es limpio. Profesional.

Ese «ascenso lateral» es una forma de exilio. No se le despide. Se le desactiva. Se le saca del núcleo sin decirlo abiertamente. La organización no quiere ensuciarse con el castigo explícito, así que lo convierte en diplomacia. Y ese gesto —que no se puede cuestionar porque está revestido de cortesía— marca la fractura definitiva entre pertenecer y ser tolerado. Es un castigo que congela.

Paradoja 5: la estabilidad que impide el cambio

Toda organización necesita estabilidad. Sin estabilidad, no hay confianza. Sin confianza, no hay colaboración. Y sin colaboración, el sistema se fragmenta. Pero cuando esa estabilidad se convierte en sacralización, cuando deja de ser base para moverse y se transforma en un muro, el cambio se vuelve amenaza, no posibilidad.

Entonces, ante lo nuevo, el sistema se defiende como puede: Huye: se retrae, se repliega, lo niega. Ataca: desacredita, margina, castiga la disonancia. O finge que no ha visto nada. Simula que el conflicto no existe, que la tensión no duele.

Muchas empresas valoran la estabilidad como un bien supremo. Y con razón: da orden, da previsibilidad, da sentido. Pero hay momentos en que esa estabilidad se convierte en rigidez, y la cultura deja de ser un tejido vivo para convertirse en una piel muerta. El sistema, ante el cambio, hace como que no ha visto nada. Porque mirar implicaría asumir que algo debe transformarse.

Paradoja final: lo inacabado. La obra que nunca termina

Toda organización —una empresa, una familia mafiosa, un grupo en la selva— aspira a completarse. A llegar a un punto donde todo encaje. Donde el sistema funcione, los roles estén claros, la jerarquía se sostenga sola y el rumbo sea previsible. Se invierten años, vidas, recursos, cuerpos... para alcanzar ese instante de estabilidad prometida.

Aun así, ese momento nunca llega del todo. O, si llega, dura apenas un segundo. Porque el entorno cambia. Porque las personas cambian. Porque lo que funcionó ayer, hoy ya no alcanza. La paradoja es esta: toda organización quiere llegar a puerto... pero el mar nunca deja de moverse.

En la empresa: el vértigo del nuevo día

Una empresa declara haber alcanzado su «modelo consolidado». Pero aparece una nueva tecnología. Una crisis geopolítica. Una generación que no quiere trabajar con las mismas reglas.

Y, de pronto, lo que parecía estable... vuelve a ser pregunta.

Y entonces se comprende: no hay victoria final. Solo navegación constante.

En la mafia: la paz que nunca es completa

También la mafia aspira, en algún momento, a la paz. A que cesen las *vendettas*, a que la sangre se calme, a que los pactos aseguren una tregua duradera. Pero siempre hay un elemento que desborda, una traición que no estaba prevista, un nuevo jugador que no respeta las reglas antiguas.

El sistema, por más sólido que parezca, siempre está escribiéndose sobre una grieta.

Porque el orden mafioso, como el empresarial, solo sobrevive si se adapta. Y para adaptarse, debe saberse inacabado.

En la copa de los árboles: la rama que nunca termina de crecer

En los grupos de chimpancés, todo parece tener un equilibrio: jerarquías claras, alianzas estables, funciones repartidas. Pero, de pronto, una alianza cambia. Un macho joven se fortalece. Una hembra toma un rol inesperado. Una disputa latente estalla. Y lo que parecía orden... se reconfigura.

Como en los árboles, donde las ramas no dejan de crecer, torcerse, doblarse con el viento, romperse y renacer: el grupo se rehace a sí mismo una y otra vez.

El vértigo de seguir

Como en la navegación, donde incluso la derrota es útil si sirve para corregir el rumbo, las organizaciones más sabias no son las que llegan... sino las que siguen. Las que aceptan que nunca estarán completas y, sin embargo, no dejan de moverse.

Epílogo. La paradoja como forma de respirar

Toda organización, sea una empresa moderna, una red mafiosa o una comunidad de primates, nace de un deseo de orden. Busca estructuras estables, códigos compartidos, jerarquías que organicen lo común y lo protejan de la dispersión. Pero, al hacerlo, se topa inevitablemente con un límite: el mundo cambia más rápido que las estructuras. Las personas que habitan los sistemas también lo hacen. Y, entonces, lo que ayer era sentido, hoy se vuelve carga; lo que fue solución, ahora es problema; lo que unió, de pronto comienza a separar.

A lo largo de este ensayo hemos recorrido muchas formas de poder, de liderazgo y de comunidad. Hemos visto cómo el control puede volverse asfixia, cómo el crecimiento puede vaciar el alma, cómo el castigo pretende proteger, pero termina castigando más de lo que protege. Hemos visto cómo el miedo puede sustituir al respeto, cómo el amor estorba en ciertas lógicas de poder y cómo incluso los sistemas que parecen más sólidos —una familia mafiosa, una cultura empresarial consolidada, un grupo de chimpancés en equilibrio— esconden dentro de sí fuerzas que los empujan, una y otra vez, hacia la transformación o el colapso.

Organizar el infierno

Y en cada uno de estos escenarios, lo que aparece no es una contradicción simple ni una respuesta clara, sino una paradoja. Una tensión que no se resuelve, pero que tampoco destruye. Que no se supera ni se abandona. Una verdad que respira en dos direcciones opuestas, como dijimos al comienzo: si la fuerzas a cerrarse, se ahoga; si la sostienes abierta, te permite pensar.

Porque eso es la paradoja: un espacio para habitar sin certezas absolutas, aunque con conciencia viva. Un lugar donde dos verdades que parecen incompatibles se enfrentan... sin anularse. Como el liderazgo que protege y al mismo tiempo duele. Como la estructura que sostiene y también limita. Como el orden que necesitamos, pero que a veces debemos romper para no morir con él.

La paradoja no es una amenaza al pensamiento. Es su forma más alta. Es la manera que tienen los sistemas vivos de sostenerse sin volverse rígidos, de adaptarse sin traicionarse, de corregirse sin destruirse por completo. Por eso, quizás, las organizaciones más duraderas no son las que dominan el entorno ni las que alcanzan la perfección interna: son aquellas que aceptan vivir inacabadas. Que renuncian al mito del control total. Que aprenden a escuchar, a dudar, a sostener el conflicto sin convertirlo en guerra.

Como los árboles que crecen torcidos para alcanzar la luz. Como los grupos de primates que deben fragmentarse para seguir existiendo. Como los líderes que saben que gobernar no es tener todas las respuestas, sino hacerse cargo de todas las preguntas.

Quizás, el verdadero poder —en la empresa, en la mafia, en la selva o en el alma humana— no esté en vencer las paradojas, consista en saber respirarlas.

Porque si no se respira... no hay vida. Y si no hay vida, no hay sistema que valga la pena sostener.

9. IDIOTAS

Prólogo. Donde ven sin mirar, oyen sin escuchar, hablan sin decir

Adentrándonos en el reino de los estúpidos

Vivimos en la era de los dispositivos inteligentes y los juicios estúpidos. En una civilización que ha sido capaz de cartografiar el universo, pero no de mirarse a sí misma sin miedo. Que puede traducir textos en ochenta idiomas, aunque no escuchar una idea que incomode. Que multiplica discursos y plataformas, pese a que ha olvidado cómo decir algo que no suene a eco.

Este ensayo no trata de insultar. No va sobre la burla fácil ni la altanería intelectual. Va sobre una figura que nos rodea, que nos habita a veces y que —como todas las figuras culturales— dice más del sistema que de la persona: el estúpido.

La antropología nos enseña que cada cultura construye sus figuras del límite: el loco, el sagrado, el traidor, el héroe... y, también, el idiota. Pero lo fascinante es que, en muchas ocasiones, el estúpido no es el que carece de saber, sino el que repite sin pensar, se adapta sin cuestionar, consume sin digerir. No es el tonto clásico, es el sujeto funcional a un sistema que prefiere el ruido a la reflexión.

El reino de los estúpidos no está en los márgenes: está en el centro. En los discursos vacíos que se celebran por su tono, no por su contenido. En los rituales sin sentido, en los datos sin contexto, en la información sin pensamiento.

Y, sobre todo, en esa capacidad tan humana de ver sin mirar, oír sin escuchar, hablar sin decir.

Este ensayo es, entonces, una expedición antropológica a un territorio incómodo pero urgente: el de la estupidez como forma de organización, como lenguaje del conformismo, como refugio frente a la complejidad. Un viaje que irá desde los oráculos mediáticos hasta los rituales corporativos

Porque si algo define al estúpido contemporáneo, más que su ignorancia, es su falta de escucha. Y si hay algo que lo protege es la apariencia de saber, esa máscara que lo vuelve irrebatible, invulnerable, omnipresente.

La pregunta que guía este texto no es «¿quién es el estúpido?», sino: «¿cómo dejar de habitar la estupidez?».

Tipología funcional del idiota moderno

«Los idiotas hacen colas de idiotas para comprar lo que venden los idiotas». (Calle 13, *Los idiotas*).

«Los idiotas se enamoran de idiotas / y se casan con idiotas / y se reproducen con idiotas».

«Los idiotas se hacen amigos de idiotas / y trabajan para idiotas / y estudian para ser idiotas profesionales».

No es necesario buscar al idiota en los márgenes del sistema, entre los que quedaron fuera por falta de oportunidades o conocimiento. Muy por el contrario, su hábitat natural suele ser el centro mismo del engranaje social: las aulas mejor reputadas, los despachos bien iluminados, las plataformas más visibles. El idiota no es siempre —ni siquiera usualmente— un ignorante en términos técnicos. A menudo, ha pasado por todas las etapas del aprendizaje formal, ha acumulado títulos, maneja las palabras correctas y se mueve con solvencia dentro de las normas. Lo que lo define es la renuncia activa al pensamiento crítico, no la falta de información.

Este capítulo propone una exploración de las figuras funcionales del idiota contemporáneo. No desde la sátira superficial ni desde el elitismo intelectual, sino desde una mirada antropológica: entender cómo la estupidez, lejos de ser una anomalía, cumple funciones sociales muy específicas. Cómo se organiza, cómo se justifica, cómo se propaga. Y, sobre todo, qué tipo de estructura sostiene y premia a quienes la encarnan.

Inspirados en las célebres «leyes fundamentales de la estupidez humana» formuladas por Carlo M. Cipolla, partimos de una idea simple y devastadora: el idiota no solo actúa en contra de su propio interés, sino que incluso perjudica a los demás, y lo hace convencido de estar aportando algo valioso. Su poder no está en su lucidez, radica en su confianza. No duda, no pregunta, no escucha. Se acomoda. Repite. Opina.

Pero no nos detendremos ahí. Este recorrido dialogará también con los aportes de pensadores que advirtieron sobre la banalidad del mal como forma de estupidez ética; sobre la hiperconectividad sin profundidad; y con Calle 13, que en su furiosa lírica urbana retrata al idiota no como una excepción patológica, sino como la figura dominante del presente.

Porque no hay una sola forma de estupidez. Las hay múltiples, complejas, adaptables. Desde el profesional que sigue órdenes sin comprenderlas hasta el entusiasta digital que comparte sin filtrar, pasando por el experto que sabe mucho, pero entiende poco. Todas tienen algo en común: la renuncia al pensamiento como acto autónomo.

Si observamos con mayor atención, veremos que la estupidez, más que un defecto del sistema, parece ser una condición de su eficacia.

El idiota obediente (el que repite para no quedarse fuera)
«Los idiotas estudian para ser idiotas profesionales». (Calle 13, *Los idiotas*).

Hay una forma de estupidez especialmente peligrosa porque no se presenta como ignorancia: lo hace como lealtad. No se proclama, no se impone a gritos. Se instala en el lenguaje, en los gestos, en las reuniones donde nadie levanta la mano. Es la estupidez del que no quiere pensar por sí mismo porque hacerlo implicaría exponerse, diferenciarse, tal vez incluso quedarse solo.

El idiota obediente no es agresivo. Es educado, respetuoso, incluso eficaz. Se adapta rápido, aprende los códigos, se ríe en los momentos correctos. Sabe lo que hay que decir para resultar inteligente y, sobre todo, lo que no hay que decir para no parecer incómodo.

Pero detrás de esa cortesía hay una renuncia más profunda: la de pensar con autonomía. Porque pensar conlleva riesgo. Implica interrumpir el flujo, señalar una incoherencia, cuestionar una orden. Y eso, en muchos entornos —corporativos, institucionales, familiares—, se paga caro. Así que el idiota obediente elige la supervivencia simbólica: repite el discurso dominante, finge entusiasmo, interioriza sin analizar. No por convicción, sino por miedo.

Desde una mirada antropológica, esta figura se entiende fácilmente: todas las culturas establecen normas de pertenencia, y el costo de desviarse puede ser la exclusión. Por eso, el idiota obediente no es un tonto individual; es una estrategia colectiva de reproducción del poder. Es el engranaje que mantiene la maquinaria girando, aunque no sepa muy bien hacia dónde va.

Hoy, el idiota obediente está por todas partes. Es el guardián no declarado del *statu quo*, el defensor de un orden que no comprende, pero al que se somete porque teme más al vacío de la exclusión que al peso de la estupidez compartida.

Y, entonces, por temor a quedar fuera, el idiota obediente mantiene todo igual.

El idiota ilustrado (el que sabe mucho, pero entiende poco)

«Los idiotas leen libros de idiotas, escritos por idiotas con prólogos de idiotas». (Calle 13, *Los idiotas*).

Hay una estupidez que no vive en la ignorancia, sino en el exceso de datos sin digestión. Una forma de ceguera cultivada entre libros, bibliotecas, algoritmos y discursos pulidos, donde se acumulan conocimientos como si fueran trofeos, pero sin permitir que ninguno llegue a transformarse en sabiduría.

El idiota ilustrado es el que sabe mucho —y se esfuerza en demostrarlo—, aunque ha perdido la capacidad de escuchar, de dudar, de dejar que una pregunta honesta desestabilice su discurso. Está lleno de citas, pero vacío de diálogo. Tiene respuesta para todo, si bien, ninguna pregunta real. Habla desde la cátedra, no desde la escucha ni la experiencia.

Se trata de una figura típica de las culturas que sacralizan la erudición y desprecian el saber popular, la intuición, la emoción, la contradicción. El idiota ilustrado ha confundido complejidad con profundidad y, en su afán por parecer lúcido, ha perdido contacto con lo vivo. Recita conceptos como conjuros, pero sin vínculo con el mundo que pisan sus palabras.

Su problema no es el contenido, sino la distancia. No hay riesgo. No hay presencia. Todo está mediado por un saber que funciona más como armadura que como apertura. Y así, cuanto más sabe, menos parece comprender.

El idiota ilustrado es el que ha leído sobre todas las culturas, pero no ha sido atravesado por ninguna. El que entiende la teoría de la empatía, pese a que nunca ha escuchado en silencio a alguien que piensa distinto.

Su voz domina; sin embargo, cuando llega el momento de actuar, de habitar una paradoja, de sostener una duda en público, se retrae. O peor: ironiza, descalifica, diagnostica. Y así mantiene intacta su corona, aunque aislada de todo suelo fértil.

No se trata de menospreciar el conocimiento; es cuestión de recordar que saber mucho sin sensibilidad es apenas una forma más sofisticada de no saber nada.

El idiota feliz (el que ha hecho de su ceguera una virtud)
«Los idiotas hacen fiestas de idiotas con pasteles de idiotas y brindan por los idiotas». (Calle 13, *Los idiotas*).

Hay una clase de idiotez que no se percibe como tal porque parece alegría. Una forma de vivir donde todo conflicto es ignorado, todo malestar maquillado, todo pensamiento crítico etiquetado como negatividad. El idiota feliz no es agresivo ni dogmático: es optimista. Cree que todo está bien, o que va a estar bien si uno deja de «complicarse la vida».

Este tipo de estupidez no grita, no amenaza, no impone. Seduce. Sonríe. Invita a sumarse. Y lo más inquietante: muchas veces, gana. Porque es más cómodo habitar un mundo sin contradicciones, sin sombras, sin preguntas difíciles. Más popular es celebrar lo que hay que transformarlo.

El idiota feliz es funcional a los sistemas que prefieren la calma superficial al cuestionamiento profundo. Su felicidad no es ingenuidad: es un estilo de defensa. Y también, muchas veces, una forma de poder.

Porque quien dice que todo está bien niega el derecho del otro a decir que no. Y en esa negación suave, amable, entusiasta, silencia al que incomoda, desautoriza al que sufre, neutraliza al que piensa.

El idiota feliz defiende la meritocracia con fe religiosa, aunque el sistema esté construido sobre asimetrías profundas. No es que no vea: elige no mirar. Porque mirar implicaría cambiar algo.

Esta forma de estupidez no necesita ignorancia. A menudo se sostiene por gente educada, informada, incluso sensible. Pero ha decidido que pensar duele y, así, el idiota feliz flota. Mientras todo se hunde.

La inteligencia sin ética: Ulises y los falsos consejeros en el Infierno de Dante
«En consejo y en la acción les fue doloso». (Dante Alighieri, *Infierno*, Canto XXVI).

No toda estupidez nace de la ignorancia. Algunas de sus formas más peligrosas emergen del exceso de inteligencia desconectada de la ética. En el Canto XXVI del *Infierno*, Dante encuentra a los falsos consejeros, sumidos en lenguas de fuego que envuelven sus cuerpos como si fueran palabras que los devoran desde dentro. Entre ellos, destaca una figura ilustre y ambigua: Ulises.

No es condenado por su traición ni por su deseo de conocimiento. Es condenado por cómo usó su astucia: no para liberar, sino para manipular. No para enseñar, sino para conquistar. Ulises, el viajero de mil estrategias, convenció a sus hombres de cruzar los límites del mundo, seduciéndolos con discursos brillantes, pero sin revelar que esa travesía significaría su muerte.

Es decir: usó la inteligencia como herramienta de seducción sin cuidado, sin compasión, sin responsabilidad. Y esa es, para Dante, una de las mayores perversiones del entendimiento humano.

El fuego que arde por dentro

El castigo de estos consejeros no es aleatorio. Las llamas que los envuelven no destruyen sus cuerpos: los contienen, los aíslan, los silencian. Son llamas que recuerdan al verbo, al lenguaje, a la palabra persuasiva usada con fines egoístas. El fuego no los castiga por lo que dijeron; lo hace por cómo lo dijeron y para qué.

Ulises representa la inteligencia que ya no escucha, que piensa con frialdad, que encanta con su brillo, pero no con su verdad. Y, por eso, termina ardiendo solo. Su último viaje no fue una conquista gloriosa: fue un acto de soberbia, una fuga hacia el abismo, una traición al cuidado.

Ulises no cae por ignorancia, sino por exceso de fe en su propia elocuencia. Y ahí es donde se abre la advertencia de Dante: pensar sin límites, hablar sin humildad, liderar sin vínculo puede llevarnos a la peor de las caídas. La que ocurre cuando la razón se despega del afecto y la inteligencia se convierte en dominio.

Interludio poético. Cuando Dante y Calle 13 dicen lo mismo

Dante escribió desde el corazón de un mundo teológico; Calle 13, desde la entraña de lo urbano, de lo social, de lo inmediato. Uno caminó por el Infierno, el otro lo rapeó. Y, sin embargo, ambos coincidieron en lo esencial: la peor forma de estupidez no es la ignorancia: es la inteligencia desconectada del mundo.

No se trata de cuánto sabes; lo importante es para qué usas lo que sabes. No es el error lo que condena, sino la voluntad de no escuchar, de no cuidar, de no pensar en el otro.

En el Canto XXVI del *Infierno*, Dante presenta una de las imágenes más potentes de toda la *Divina comedia*: Ulises y Diómedes atrapados en lenguas de fuego. No es un castigo físico cualquiera. El fuego no los destruye, los contiene, los aísla, los envuelve en su propio verbo. Son prisioneros de aquello que usaron como instrumento de seducción y de manipulación: la palabra.

Dante escribe: «Dentro del fuego estaban las almas...», y ese fuego simboliza la energía de su discurso, su poder de persuasión, aunque también la irresponsabilidad de haber usado ese don sin cuidado hacia los demás. Ulises, en particular, representa una forma de inteligencia desbordada que no encuentra límite ni en el respeto al vínculo humano ni en la ética de la responsabilidad. Su verbo seduce, convence, guía... pero guía hacia la muerte.

Siete siglos después, la crítica a este mismo fenómeno aparece, en un registro completamente diferente, en la música de Calle 13. En su canción *Los idiotas*, René Pérez afirma:

«La idiotez tiene sus puntos a favor: es la única enfermedad donde el enfermo no sufre, excepto todos a su alrededor».

La comparación no es trivial. En ambos casos, el foco no está puesto en el daño directo, sino en la indiferencia hacia las consecuencias. Tanto el Ulises de Dante como el idiota colectivo de Calle 13 comparten una misma ceguera moral: no sienten el dolor que causan, porque su energía está volcada hacia su propio impulso —el saber, el hablar, el actuar— sin detenerse a considerar a quién afecta.

Dante utiliza el fuego como metáfora de ese verbo que se vuelve contra su propio emisor; Calle 13, en cambio, define la idiotez como una enfermedad «indolora» para quien la padece, pero devastadora para los que lo rodean. Ambos coinciden en señalar que la verdadera herida no la siente el que la provoca, sino quien queda expuesto a su radiación inconsciente.

Este paralelismo revela algo más profundo: la irresponsabilidad es más que un fallo ético, es un modo de existir y de hablar en el mundo. Cuando el lenguaje pierde su anclaje en el cuidado del otro, puede convertirse en llama destructora o en contagio de estupidez; puede ser retórica brillante o ruido vacío. En cualquier caso, se vuelve fatal.

Así, entre las llamas silenciosas del Infierno de Dante y las rimas urbanas de Calle 13, resuena una misma advertencia: no es suficiente hablar con elocuencia; es necesario pensar en quién arde con nuestras palabras.

En su discurso final dentro del Infierno, Ulises se dirige a sus compañeros con una apelación grandiosa a la dignidad humana: «No fuisteis hechos para vivir como bestias, sino para seguir virtud y conocimiento». A primera vista, estas palabras parecen el culmen del ideal humanista. Sin embargo, Dante no las presenta como ejemplo de sabiduría, lo hace como parte de una tragedia: Ulises, pese a su elocuencia, conduce a sus hombres a la muerte. La inteligencia sin responsabilidad se vuelve así seducción vacía, promesa luminosa que lleva al abismo. La forma más refinada de la estupidez no es la ignorancia, es el saber desconectado de sus consecuencias.

Esta intuición resuena siglos después en la crítica mordaz de Calle 13, quien define de forma brutal esa misma figura contemporánea: «Los idiotas se sienten seguros con todo lo que comentan,

Organizar el infierno

porque hablan lo que saben y lo que no saben se lo inventan». Aquí también, el problema no es no saber; es pretender saber sin cuidar el daño que se causa. El discurso se convierte en una herramienta de autocomplacencia, más orientado a preservar la imagen que a iluminar el camino.

Pero Dante no dirige su juicio únicamente a los sabios arrogantes. En los primeros círculos del Infierno, se reserva un castigo especial para aquellos que no fueron ni grandes pecadores ni grandes justos: los neutrales. «Los tristes que vivieron sin gloria», escribe Dante, y su condena es aún más cruel que el fuego: el olvido eterno. Corren tras una bandera vacía, sin emblema, sin causa, condenados a una existencia de intrascendencia perpetua. No se los castiga por lo que hicieron, sino por lo que dejaron de hacer: por no haber tomado nunca partido.

Una vez más, Calle 13 formula esa misma acusación contra la indiferencia y la desinformación activa: «Un idiota es aquel que no aprende del pasado, un desinformado que no escucha al informado». El idiota moderno, como el neutral medieval, no construye, no transforma, no escucha: simplemente permanece, sellando su condena en su propia pasividad.

Finalmente, Dante describe en el Canto XXVI la suerte de aquellos que «en consejo y en la acción fueron dolosos»: los falsos consejeros, quienes usaron su inteligencia para inducir a otros al error, manipulando el bien con apariencia de virtud. No son castigados por el contenido de sus palabras, lo son por el uso perverso que hicieron de su talento.

Calle 13 recoge este mismo retrato de manera aguda y directa cuando señala: «Mantener a la gente inteligente abajo, sin crecer, es la regla más importante de un idiota con poder». Aquí, la crítica apunta a un fenómeno vigente: el uso del poder no para cuidar, sino para controlar; no para iluminar, sino para aplastar la lucidez de los otros.

Así, separados por siglos pero unidos en la crítica, Dante y Calle 13 coinciden en un mismo diagnóstico: la inteligencia sin ética no salva, solo disfraza la barbarie con ropajes de grandeza. La palabra, cuando se separa del cuidado, de la responsabilidad y del vínculo humano, no es signo de sabiduría, es indicio de peligro.

No basta con hablar ni con saber: hay que cuidar a quién alcanzan nuestras palabras. De lo contrario, seremos Ulises cruzando límites hacia la destrucción o neutrales eternos persiguiendo una bandera que ya no significa nada.

El vacío de la bandera: neutrales e idiotas que no aprenden

En el Canto III del *Infierno*, Dante reserva un castigo especialmente humillante para quienes no fueron ni grandes pecadores ni grandes virtuosos. Son los neutrales, los que vivieron «sin infamia y sin alabanza», los que no amaron ni odiaron, no construyeron ni destruyeron, simplemente flotaron en la vida como hojas al viento. Su condena es atroz: perseguir eternamente una bandera sin emblema, corriendo en círculo, sin descanso, sin reconocimiento. No merecen el fuego, ni siquiera el juicio pleno de Dios o del Diablo: son olvidados por ambos. Dante escribe:

«Estos no tienen esperanza de muerte, y su ciega vida es tan vil, que están celosos de cualquier otro destino». (*Infierno*, Canto III, vv. 46-48).

La imagen de la bandera vacía simboliza más que la simple falta de compromiso: representa la negación activa del sentido. La incapacidad de asumir riesgos, de elegir, de recordar. Es un vagar perpetuo, hueco, sin historia.

Siglos después, Calle 13 en *Los idiotas* describe una figura moderna que carga la misma condena simbólica:

«Un idiota es aquel que no aprende del pasado, un desinformado que no escucha al informado».

Aquí, la idiotez no se define por una carencia intelectual, sino por la renuncia voluntaria al aprendizaje, al diálogo, a la transformación. El idiota, como el neutral dantesco, no quiere ver. Prefiere repetir el error, sostener la ignorancia, simular neutralidad mientras el mundo cambia a su alrededor. Su existencia, como la de los tristes del Infierno, es una huida continua de la responsabilidad de saber y de elegir.

Tanto en Dante como en Calle 13, la mayor tragedia no es cometer errores: es negarse a aprender. Es vivir sin memoria. Es correr detrás de símbolos vacíos, sin preguntarse jamás qué representan.

La bandera sin escudo, que ondea en el viento infernal de Dante, es hermana de la desinformación voluntaria que Calle 13 denuncia: una existencia sin raíz, sin causa, sin redención.

Ambos textos nos recuerdan que no basta con sobrevivir: hay que vivir eligiendo, aprendiendo, arriesgando sentido. De lo contrario, solo quedará la carrera absurda tras una bandera sin alma.

10. UN ÓBOLO Y TRES CABEZAS

El tránsito a la muerte como reinvención empresarial
Toda transformación verdadera comienza con una pérdida. Ninguna organización cruza el umbral del cambio sin antes renunciar a algo que la sostenía, aunque sea en apariencia. Como en la travesía de las almas en el mundo de los muertos, también en la vida corporativa hay momentos donde avanzar no implica sumar, sino dejar atrás: identidades, procesos, lenguajes, formas de poder. Y no todas lo logran.

En la mitología griega, recogida luego por Dante en la *Divina comedia*, Caronte es el barquero que cruza a los muertos por la laguna Estigia. Pero no transporta a cualquiera. Requiere un pago: un óbolo, una pequeña moneda colocada en la boca del difunto. Sin ese tributo, el alma no cruza. Queda suspendida, en una orilla sin retorno ni destino. Así también ocurre en muchas organizaciones: se intuye la necesidad de cambio, se habla de evolución, sin que se pague el precio. No se renuncia al pasado. No se suelta la comodidad. No se acepta que, para llegar al otro lado, es imprescindible morir un poco.

Ese óbolo es el precio de abandonar certezas, de aceptar la pérdida de control, de dejar atrás narrativas que alguna vez sirvieron, pero que ahora impiden avanzar. Las empresas que no pagan ese precio quedan atrapadas en un limbo: demasiado lúcidas para seguir como están; demasiado aferradas para dar el salto. No renacen, aunque tampoco mueren. Se desgastan lentamente.

Aun así, pagar el óbolo no asegura un cruce sin tropiezos. Porque justo al otro lado, como un perro monstruoso que custodia los límites del cambio, aguarda Cerbero. Tres cabezas. Tres guardianes internos que no necesitan cadenas porque habitan dentro de la propia cultura empresarial. La primera cabeza gruñe desde la nostalgia: aquello que funcionó en el pasado, aquello que dio poder, reconocimiento, orden. La segunda muerde desde el miedo: la ansiedad de lo incierto, el temor a perder más de lo que se puede ganar. Y la tercera, la más peligrosa, se alza desde la arrogancia: la creencia de que la empresa es intocable, demasiado sólida, demasiado prestigiosa, demasiado grande para caer.

Cerbero no impide el paso con violencia física, sino con seducción psicológica. Sus voces susurran desde los pasillos, en los manuales no escritos, en los «siempre lo hemos hecho así». Para transformarse, una empresa no solo necesita un plan: requiere una decisión ritual. Cruzar. Conscientemente. Reconociendo que cada cabeza del monstruo representa una parte viva del sistema que debe ser confrontada, no reprimida ni ignorada. Enfrentar a Cerbero no es aniquilarlo; es mirarlo a los ojos y saber qué miedo está hablando.

Este capítulo es una invitación a asumir el tránsito. A entender que toda reinvención real —no cosmética, no discursiva— implica muerte simbólica. Que no hay narrativa nueva sin duelo. Que no hay cultura renovada sin desprendimiento. La empresa que logra cruzar, que entrega su óbolo y enfrenta a Cerbero, no muere: se transforma. Pero esa transformación no ocurre desde la comodidad. Sucede en el borde, en el umbral, en el territorio incierto donde se decide si se continúa siendo... o se empieza a ser de otra forma.

El óbolo: el precio del cruce

No toda organización está preparada para transformarse. Y no porque le falten recursos o talento, sino porque no está dispuesta a pagar el precio simbólico de su tránsito. El óbolo, esa pequeña moneda con la que los antiguos pagaban el cruce hacia el otro mundo, no es solamente una ofrenda ritual. Es el reconocimiento de que lo que se abandona tiene valor. Es el gesto humilde de quien acepta que no todo puede ser conservado.

En el mundo empresarial, ese óbolo no siempre se reconoce como tal. Puede disfrazarse de cierre de una línea de negocio, de pérdida de poder de un líder histórico, de renuncia a un lenguaje que ya no nombra nada. Pero, en todos los casos, implica una cesión: un acto deliberado de desprendimiento. Las empresas que se niegan a pagar su óbolo intentan cruzar al nuevo ciclo llevando el viejo equipaje. Y, como las almas sin moneda en la orilla de Caronte, quedan condenadas a la repetición estéril, atrapadas entre el discurso del cambio y la imposibilidad de ejecutarlo.

El óbolo también puede ser emocional. Es el duelo por una identidad que fue útil, eficaz, incluso gloriosa, pero que ha cumplido su ciclo. Renunciar a ella no es despreciarla, sino reconocer que ha dejado de ser fértil. En muchos casos, las empresas que no cambian no lo hacen porque no pueden dejar de aferrarse a quienes fueron cuando todo parecía funcionar, no porque no sepan cómo. Ese apego al «éramos» impide imaginar el «podríamos ser».

Pagar el óbolo no es solo soltar, también consiste en honrar. Es despedirse con conciencia, para poder dar la bienvenida a lo nuevo. Y como todo rito de paso, requiere un gesto público o privado, pero evidente: algo debe marcar el final de una era. Un símbolo, una decisión, una renuncia. Porque, quien no se despide de lo que ya no es, queda condenado a repetirlo sin alma.

Las tres cabezas: las resistencias internas del cambio

Después del pago, viene el umbral. Y todo umbral tiene un guardián.

En el mito, Cerbero es una criatura monstruosa que impide el paso con sus tres cabezas furiosas. No distingue entre culpables o inocentes, entre nobles o miserables: se interpone entre el alma

Organizar el infierno

y su tránsito. No se le convence con lógica ni se le esquiva con habilidad. Solo enfrentándolo, reconociendo cada una de sus bocas, puede uno pasar sin ser devorado.

En la vida de las organizaciones, Cerbero no es un ser externo. Vive dentro. Es parte del sistema que pretende cambiar. Sus cabezas no ladran con violencia visible, pero su poder es igual de paralizante. Tres voces, tres formas de resistencia que todo proceso de transformación encuentra en el camino.

La primera cabeza es la nostalgia, la voz que insiste en que cualquier tiempo pasado fue mejor. Habla con la autoridad de lo conocido. Cita éxitos antiguos como escudos. Remite a prácticas que alguna vez funcionaron, aunque ya no digan nada. La nostalgia no se opone directamente al cambio: simplemente insiste en que no es necesario. Susurra que quizá todo esto sea solo una moda, una exageración, una amenaza artificial. Su fuerza no está en el grito, sino en el murmullo persistente que mina la urgencia del presente.

La segunda cabeza es el miedo. El miedo no razona: se anticipa. No analiza escenarios, los imagina. Le teme a la pérdida, al error, al juicio. En la organización, esta cabeza muerde cuando los liderazgos titubean, cuando los equipos se preguntan qué pasará si el cambio fracasa, si se pierde el lugar, si se rompe la cohesión. Es un miedo ancestral, disfrazado de prudencia. Un miedo que a veces se esconde en informes, en dilaciones, en reuniones eternas. No dice «no cambiemos»; dice «aún no estamos listos». Y, así, eterniza la espera.

La tercera cabeza, la más silenciosa pero la más letal, es la arrogancia. Es la creencia de que no se necesita cambiar. De que la historia propia es garantía de futuro. De que los problemas siempre han existido y que siempre se han resuelto. Es el orgullo de quien no escucha, el blindaje de quien no aprende, la ceguera de quien cree que su poder lo protege del colapso. Esta cabeza no ladra: calla. No obstante, su peso es enorme. Congela. Y muchas veces está instalada en el corazón mismo del liderazgo.

Estas tres cabezas no están fuera del sistema. No son enemigos externos ni saboteadores aislados. Son expresiones internas de la organización que quiere cambiar y, a la vez, se resiste. Porque todo sistema que ha sobrevivido —y, más aún, que ha sido exitoso— construye en sí mismo las condiciones para no querer transformarse. No por maldad, sino por inercia. Por miedo a dejar de ser.

Enfrentar a Cerbero no significa eliminarlo. Las cabezas no se destruyen: se reconocen. Porque la nostalgia está en lo cierto cuando nos recuerda lo valioso. El miedo tiene razón cuando advierte los riesgos. Y la arrogancia, incluso, puede recordarnos que tenemos fortalezas. No obstante, esas voces no deben conducir el cruce. Pueden ser escuchadas, pero no obedecidas.

Solo quien las enfrenta con conciencia puede cruzar. Solo quien las nombra sin dejarse paralizar puede avanzar.

El cruce: renacer sin garantías

Llegar al borde no garantiza cruzarlo. Pagar el óbolo, enfrentar a Cerbero, comprender las resistencias internas... todo eso prepara el tránsito, pero no lo asegura. Porque el cruce verdadero no es una decisión puntual: es un proceso que transforma. Y, como todo proceso profundo, conlleva pérdida, incertidumbre y riesgo. No hay reinvención sin vértigo.

El cruce es ese momento en que la organización ya no puede seguir siendo la que era, pero aún no sabe del todo en qué se convertirá. Es una zona gris, tensa, en la que las estructuras antiguas se han debilitado, aunque las nuevas aún no se consolidan. No hay mapas claros. No hay promesas de éxito. Solo una dirección: adelante, sostenida más por convicción que por certeza.

En este terreno incierto, lo que sostiene el paso no es el control, sino el sentido. La organización que cruza sin propósito se fragmenta. La que cruza solo por presión externa, se extravía. Pero aquella que sabe por qué deja atrás lo que deja, y para qué busca otro modo de ser, puede resistir el temblor. Puede, incluso, transformarlo en fuerza.

Este es el momento en que el lenguaje cambia. Deja de usarse el futuro como promesa («cuando terminemos esta transformación, seremos...») y empieza a nombrarse el presente como tránsito («estamos en camino», «estamos aprendiendo»). La cultura ya no se define por eslóganes, lo hace por preguntas abiertas. El liderazgo deja de afirmar y empieza a escuchar. La organización entera, como cuerpo colectivo, comienza a moverse desde otro lugar: no desde la defensa de lo establecido, sino desde la exploración de lo posible.

Pero todo eso requiere antes un duelo. Aceptar que lo que fue no volverá, y que eso, aunque duela, está bien. Porque renacer no es olvidar el pasado, consiste en asumir que ya no basta. Que incluso lo que nos trajo hasta aquí puede impedirnos llegar más lejos.

Dante cruza el Infierno, pero no se queda en él. Sale transformado. No porque haya vencido a los monstruos, sino porque ha sido capaz de atravesarlos. Así, también, la organización que cruza su propio umbral no necesita aniquilar sus resistencias, ni borrar su historia, ni reinventarse desde la nada. Requiere, simplemente, aceptar que el viaje ha comenzado. Y que, como todo viaje real, no tiene final claro, aunque sí dirección.

Renacer no es garantía de éxito. Es apenas la posibilidad de seguir siendo de otra manera. Y eso —cuando todo a nuestro alrededor se desvanece— ya es una forma de victoria.

Donde muere lo viejo y aún no nace lo nuevo

Ninguna empresa muere del todo cuando se transforma. Y, sin embargo, algo en ella debe morir para que el cambio no sea solo maquillaje. El óbolo no se paga una vez: se paga cada vez que se elige avanzar sin certezas. Cerbero no ladra solo en el umbral: vive en cada junta, en cada decisión, en cada intento de conservar lo que ya no sirve. El cruce no ocurre en un día: se arrastra, se encarna, se negocia con el miedo.

Aun así, vale la pena.

Porque el sistema que cruza no renuncia a su historia, sino a su rigidez. No renuncia a su identidad, sino a su necesidad de repetirla. Aprende a llevar consigo sus mitos, sus heridas, sus glorias pasadas... pero sin aferrarse a ellos como si fueran salvación.

En cada transformación profunda hay un momento de silencio. Una suspensión. Como si el sistema, por un segundo, no supiera quién es. Ese instante —incierto, frágil, casi invisible— es también el más fértil. Porque ahí, en el no saber, comienza a nacer lo nuevo.

Renacer no es brillar. A veces es apenas respirar distinto. Pero eso basta para decir que el cruce ha empezado.

El cruce ha comenzado (y eso no garantiza nada)

Cuando una organización decide transformarse de verdad, lo único que puede afirmar con certeza es que ya no está donde estaba. Ha soltado el borde conocido. Ha entregado su óbolo. Ha escuchado las voces de Cerbero y ha elegido no retroceder. Pero eso no garantiza que lo haya alcanzado aún. Solo que ha empezado a dejar de ser.

Y ahí está la paradoja más punzante de todo cambio profundo: el tránsito no garantiza la llegada. Cruzar no asegura florecer. Lo que comienza es una intemperie: un espacio entre dos formas de identidad, donde lo viejo ya no funciona y lo nuevo aún no se sostiene.

No hay garantías. Solo señales. El lenguaje comienza a cambiar. Aparecen espacios de escucha, decisiones que no son inmediatas. Esas grietas no son errores: son respiraciones del sistema que empieza a reacomodarse.

Pero incluso este proceso es frágil. Puede revertirse. Puede quedarse a medio camino. Muchas organizaciones cruzan con valentía solo para volver atrás al primer sobresalto. Se ilusionan con la promesa del cambio, aunque retroceden cuando descubren su precio. El cruce, entonces, no es solo un momento simbólico: es una práctica continua. Hay que cruzar todos los días, un poco más, aunque a veces se dude, se retroceda, se vacile.

La empresa que asume camina. Se equivoca. Aprende. Se permite no saber. Y eso, aunque parezca poco, la distingue de quien permanece en la orilla, decorando la fachada de lo mismo.

¿Y si el cambio fracasa?

El riesgo más temido no es cruzar: es hacerlo y no encontrar nada. La empresa que se transforma sin certezas, que deja atrás su antigua forma y no logra consolidar otra, siente que ha cometido una traición. ¿Y si se equivocó? ¿Y si el cambio era prematuro, ingenuo, mal ejecutado? ¿Y si, en lugar de renovarse, se ha vaciado?

Estas preguntas no deben evitarse. Son, de hecho, el corazón mismo de cualquier proceso honesto de reinvención. Porque toda mutación real implica una fase de desorientación, y es precisamente esa incertidumbre la que distingue el cambio verdadero del decorativo. Si no hay posibilidad de fracaso, no hay libertad.

Dante también lo entendía. El Infierno no está lleno solo de pecadores que eligieron el mal: está poblado de figuras que, en algún momento, creyeron estar haciendo lo correcto. Lo que los condena no es haber dudado, sino no haber vuelto a mirar, no haber aprendido, no haber corregido.

En el mundo de las organizaciones, el cambio puede fracasar. A veces se pierde talento valioso. A veces se desintegra la cohesión. A veces se avanza demasiado rápido o sin dirección clara. Pero el verdadero fracaso no es caer: es negar el aprendizaje de la caída.

Es volver a levantar la antigua estructura, esta vez disfrazada de novedad. Es cubrir la herida en lugar de revisarla.

El fracaso, si se acepta con honestidad, no es el final del viaje. Puede ser su reformulación. Su punto de giro. Su momento de humildad. A veces el cambio verdadero solo comienza cuando el primer intento se rompe y el sistema comprende que no basta con mover piezas, sino que hay que reimaginar el tablero.

Porque en ese gesto —aceptar el error como parte del cruce— se juega no solo el éxito del cambio, también la madurez de la organización que lo emprende.

Inventar, desafiar, copiar... y volver a empezar

En el mundo de las organizaciones, no todas cumplen el mismo papel en el cambio. Algunas inventan: arriesgan, fracasan, tantean el límite de lo posible. Otras desafían: incomodan, critican, señalan los puntos ciegos del sistema, aunque no siempre ofrezcan una salida. Y otras copian: observan desde la distancia, esperan resultados y replican con precisión quirúrgica aquello que ya parece seguro.

Esta dinámica no es una deformación del sistema, al contrario: forma parte de su equilibrio. El que inventa se arriesga. El que reta exige. El que copia sobrevive. Todos, en algún momento, deben cruzar. Y el orden no siempre refleja el mérito, pero sí el tipo de coraje que cada cual ejerce.

En un tiempo donde el éxito inmediato es fetiche, cruzar sin garantía y aun así intentarlo se convierte en un acto de dignidad.

Cerbero no muere

Muchos piensan que para transformar una organización hay que vencer sus resistencias, aniquilar sus miedos, destruir sus viejas estructuras. Pero si algo enseña el mito es que el verdadero cruce no pasa por la eliminación del monstruo, sino por su comprensión.

Organizar el infierno

Cerbero, el perro de tres cabezas que custodia el umbral del Hades, no fue destruido ni por los héroes ni por los poetas. Heracles lo enfrentó sin armas, lo dominó y lo devolvió intacto. Dante lo atravesó con barro y estrategia. Ninguno buscó su muerte. Porque Cerbero no es el enemigo, es la frontera. Es el eco feroz de lo que teme, lo que duele, lo que no quiere soltar.

En la empresa, las tres cabezas de Cerbero —nostalgia, miedo, arrogancia— no se derrotan, se reconocen. No se callan, se escuchan sin obedecer. No se anulan, se trascienden.

Por eso, cuando una organización cruza de verdad, no lo hace porque ha destruido su resistencia interna, sino porque ha aprendido a caminar a pesar de ella. Cerbero no muere. Solo deja de tener poder cuando ya no necesitamos que nos proteja de lo nuevo.

Y ese es el gesto más valiente del cambio: no eliminar al guardián; transformarse lo suficiente como para que ya no ladre.

Caronte no se vence, se engaña: cuando la lógica no sirve, se necesita otra astucia

Mientras Cerbero representa la violencia que guarda el umbral, Caronte simboliza la ley del tránsito, el que marca quién cruza y quién no. No es cruel: es inflexible. Solo cruza a los muertos, y únicamente si han pagado el óbolo.

Pero hay excepciones. Y esas excepciones nos hablan de otra estrategia, no de fuerza ni de transformación interna, sino de astucia narrativa.

En *La Eneida*, Eneas logra cruzar al Hades aun estando vivo. ¿Cómo? Llevando consigo el «ramo dorado», emblema de su elección divina. No discute con Caronte. No lo convence. Le muestra un símbolo que suspende la norma. El barquero, renuente, accede. Lo mismo ocurre en la *Divina comedia*: Dante es un alma viva, pero su viaje ha sido autorizado. Virgilio apela al orden celeste, y Caronte no puede resistirse.

Caronte, entonces, no se vence por confrontación, como podría esperarse de un guardián. Tampoco se transforma desde dentro, como exige Cerbero. Caronte se rodea. Se engaña con símbolos. Se persuade con autoridad superior. Y eso, en el plano organizacional, es profundamente revelador.

El cruce completo
Por eso, ningún proceso de transformación empresarial puede avanzar sin atender a ambos guardianes. Caronte exige forma. Cerbero exige alma. El primero te detiene si no has formulado bien tu deseo. El segundo te paraliza si no has enfrentado tus propios fantasmas.

Aun así, nada garantiza el éxito. Porque ni Caronte ni Cerbero desaparecen del todo. Están en cada cruce nuevo. En cada reinvención. En cada salto. Pero conocerlos, nombrarlos, tratarlos con respeto y conciencia ya es una forma de empezar a cruzar distinto.

11. CUANDO EL LÍDER VA MÁS ALLÁ DE DIOS: UN TIRO EN LA MESA

Poder sin límite, castigo sin código

Hay un momento en *Uno de los nuestros* (Scorsese, 1990) que, más que una escena, es una alegoría del poder desbocado. Tommy DeVito —carismático, violento, impredecible— dispara a Spider, un joven camarero, primero en el pie, y luego lo mata por el simple hecho de haberle respondido. No hay amenaza real. Solo una disonancia: el subordinado osó tener voz. El castigo, entonces, no intenta restablecer el orden: busca recordarle al mundo quién manda.

Ese es el instante en que el poder deja de ser institucional, funcional o incluso simbólicamente justificado. Es el poder que ya no responde ante nadie. Un poder que ha matado al dios que le ponía límites.

En muchas organizaciones empresariales —y no solo en los relatos criminales— encontramos versiones más pulidas, pero no menos peligrosas, de este liderazgo esquizofrénico. Líderes que se creen fuente única de autoridad. Que ya no consultan, ni escuchan, ni temen. Que disparan —con palabras, con gestos, con decisiones arbitrarias— sin considerar consecuencias.

El castigo como espectáculo

Michel Foucault, en *Vigilar y castigar*, nos recuerda que el castigo tradicional no solo corregía: exhibía. Era una forma de decir: «Aquí hay un soberano, y tiene poder sobre tu cuerpo, sobre tu vida». Cuando el poder se convierte en espectáculo, su objetivo no es restaurar la justicia, sino imponer el miedo. Eso es

Organizar el infierno

exactamente lo que vemos en Tommy. Y también, en ocasiones, en el directivo que humilla a un empleado frente al equipo, en la evaluación injusta convertida en castigo ejemplar.

No se castiga para reparar. Se castiga para recordar quién puede hacerlo.

Son líderes encerrados en su propia imagen. Narcisos sin espejo. Convencidos de que todo lo que piensan es innovación y toda crítica es traición. El líder ya no escucha porque ha confundido su deseo con la estrategia. Ya no corrige porque ha confundido su autoridad con infalibilidad.

El resultado: organizaciones donde el liderazgo se vuelve tiranía emocional. Se exige entusiasmo, aunque se censura la diferencia. Se pide compromiso, pero se castiga la crítica. Y el sistema empieza a colapsar sin darse cuenta, como una empresa que se pudre en silencio por dentro mientras celebra sus indicadores.

El problema con líderes como Tommy —y con sus equivalentes corporativos— es que ya no distinguen entre temor y odio. Confunden obediencia con sumisión, respeto con miedo paralizante. Y desde ahí comienza la caída. Porque el miedo sin sentido no sostiene. Solo retrasa la rebelión.

El delirio del líder que se cree eterno

Cuando el líder se sitúa por encima del código, de la comunidad, incluso de la causa, ya no lidera: ocupa. Y, tarde o temprano, lo que ocupa se degrada. Porque el poder que no se somete a un límite —ético, colectivo, institucional— adopta la forma de una locura funcional.

Y esa locura, por eficiente que parezca en el corto plazo, termina destruyendo lo que prometía proteger.

Así ocurre con Tommy. Así sucede con algunas empresas que parecen invencibles hasta que alguien, como Spider, dice basta. A veces, en voz alta. Otras, con un simple gesto de dignidad.

Cuando ni los primates lo tolerarían

En las comunidades de chimpancés, descritas por primatólogos, el liderazgo se sostiene, además de por la fuerza, por una combinación de habilidades sociales, reconocimiento grupal y equilibrio emocional. El macho alfa que abusa de su posición sin sostener alianzas, sin cuidar a los miembros del grupo, sin gestionar tensiones internas... cae. Y a menudo lo hace violentamente.

No porque otro macho más fuerte lo desafíe, sino porque pierde legitimidad simbólica. El grupo se retira. Lo aísla. Lo acorrala. No lo siguen. Y, sin seguimiento, el poder se disuelve.

Cuando Tommy dispara a Spider —primero en el pie, luego en el pecho—, lo hace desde una lógica de poder absoluto, sin vínculo, sin comunidad. Más que mantener el orden, busca imponerse a costa del grupo. Pero lo interesante es que ni siquiera en comunidades de primates este tipo de liderazgo se sostiene por mucho tiempo.

Se ha documentado cómo, tras un abuso evidente, otros machos y hembras forman coaliciones contra el tirano. No por altruismo, sino porque reconocen que ese liderazgo rompe la cohesión del grupo. Y, sin cohesión, no hay supervivencia.

Entonces, ¿qué significa que Tommy siga siendo celebrado en la mesa de póker, incluso tras disparar a sangre fría? Significa que el grupo —los compañeros, la organización, la cultura— ha cedido su derecho a corregir. Y eso ya no es poder. Eso revela un abandono moral.

Cuando el jefe no manda, pero todos obedecen: el peligro del poder sin legitimidad

Tommy DeVito no es un capo. No es jefe, no tiene rango oficial, no es dueño de la organización. Y, sin embargo, todos a su alrededor lo temen. Varios se ríen, otros miran al suelo, alguno intenta corregirlo a medias. Nadie lo enfrenta.

Y eso no es liderazgo. Es vacío estructural.

Lo verdaderamente inquietante no es la violencia de Tommy, sino el silencio del entorno. Porque, cuando un sistema permite que alguien sin legitimidad formal imponga su voluntad por la fuerza, lo que está fallando no es el individuo: es la cultura que lo habilita.

En las organizaciones humanas, como en los grupos de primates, el poder necesita legitimidad. Requiere un relato, una forma, un vínculo con el grupo. El macho dominante que no cuida, que no escucha, que no teje alianzas, cae. Porque incluso los chimpancés saben que la violencia sin reciprocidad es autodestructiva.

Pero en ciertos entornos empresariales o institucionales, el poder es capaz de persistir sin forma, sin código, sin función clara. Puede habitar el cuerpo de un personaje como Tommy: ruidoso, imprevisible, temido, aunque vacío de legitimidad real.

Y cuando eso ocurre, el grupo empieza a obedecer por miedo, no por convicción. Y el miedo, si se prolonga sin redención, acaba normalizando el delirio. Y ese es el verdadero peligro: cuando la autoridad no viene de la estructura, ni del cuidado, ni del ejemplo...sino del hecho de que nadie se atreve a detenerla.

12. EPÍLOGO

Instrucciones para subir una empresa
(Subtítulo: en homenaje a las instrucciones para subir una escalera)
A lo largo de este recorrido, hemos comparado la estructura organizativa con muchas formas de poder simbólico: desde jerarquías animales hasta sistemas de castigo teológicos. Para cerrar, proponemos una última analogía, sencilla pero ilustrativa: el acto de subir una escalera.

Subir una empresa, como subir una escalera, requiere orientación, ritmo y cuidado. No se trata únicamente de avanzar, sino de hacerlo sin perder equilibrio. La velocidad puede parecer una virtud, pero si no se consolidan los apoyos, el ascenso se convierte en riesgo.

Saltarse peldaños —como etapas clave en una organización— puede incluso comprometer el resultado; muchas veces así sucede. Y si el liderazgo no es capaz de sostenerse en momentos de incertidumbre, la caída no depende del azar, sino de la solidez estructural.

La literatura de Julio Cortázar ofrece una última clave simbólica. En *Historias de cronopios y de famas*, dos tipos de personajes se enfrentan a los desafíos cotidianos desde perspectivas muy distintas: unos desde la espontaneidad emocional, otros desde el control sistemático. Ambos modelos —el creativo y el metódico— pueden coexistir en la empresa, y ambos tienen algo que aportar.

Lo decisivo, entonces, no es el estilo con el que se asciende, sino la capacidad de sostener aquello que justifica el ascenso: el vínculo interno, el sentido organizacional y la integridad del sistema.

Si eso se conserva, no es relevante si el mérito recae en el cronopio o el fama que lo logró. Lo que cuenta es que el trayecto no haya vaciado de sentido lo que se pretendía alcanzar.

13. MATAR AL PADRE

Liderazgo y duelo: la capacidad de renunciar como acto fundacional

En el campo de los estudios organizacionales y del liderazgo, se ha privilegiado tradicionalmente una visión centrada en la capacidad de sostener estructuras, gestionar el cambio o movilizar recursos estratégicos (Northouse, 2021). Sin embargo, esta perspectiva tiende a invisibilizar una dimensión crítica del liderazgo: la aptitud para identificar el agotamiento simbólico de ciertos marcos culturales y facilitar su disolución con legitimidad. En este artículo proponemos que el liderazgo efectivo incorpora una ética del duelo, entendida como la capacidad de permitir la clausura de prácticas, roles o narrativas que, aunque otrora funcionales, han perdido su vitalidad organizacional.

Como señala Arendt (1958), el actuar político genuino implica la apertura a lo incierto y el reconocimiento de la finitud como condición del nuevo comienzo. En términos organizacionales, ello supone que toda estructura cultural —una jerarquía, una forma de liderazgo, un conjunto de ritos internos— es siempre históricamente situada y, por tanto, caduca. El líder que no reconoce la obsolescencia de ciertos dispositivos simbólicos se convierte en su custodio dogmático, produciendo un sistema de gestión conservadora que obstaculiza la regeneración institucional.

Desde una perspectiva constructivista, Kegan y Lahey (2009) advierten que las organizaciones tienden a volverse inmunes al cambio no por falta de visión, sino por el apego emocional a patrones identitarios. Así, el duelo no es meramente una reacción afectiva ante la pérdida, también es una operación

Organizar el infierno

cognitivo-simbólica mediante la cual el sujeto —o el colectivo— procesa la ruptura con lo conocido. Dicha operación es indispensable para transitar de una lógica defensiva a una lógica transformacional.

Este tipo de liderazgo se vincula estrechamente con lo que Heifetz (1994) denomina 'liderazgo adaptativo': la habilidad de sostener tensiones sin resolverlas de inmediato, de descentrar la figura del líder carismático y de acompañar procesos en los que la solución no está dada *a priori*. El líder adaptativo es, en este sentido, un facilitador del duelo institucional: reconoce cuándo un sistema ha dejado de producir sentido y habilita la compleja tarea de renunciar, simbólicamente, a aquello que ya no tiene alma.

A nivel práctico, esto se traduce en la necesidad de crear espacios rituales y discursivos donde se valide la pérdida —del rol, del estilo de liderazgo, del modelo de negocio— sin que esta sea vivida como fracaso. Como subraya Judith Butler (2004), toda política del duelo implica redefinir quiénes somos tras la pérdida, y esta redefinición es siempre una oportunidad constitutiva, aunque dolorosa.

En síntesis, el liderazgo que no se limita a conservar lo establecido, sino que puede acompañar procesos de pérdida con conciencia simbólica y sensibilidad institucional, constituye una práctica ética de alta complejidad. Lejos de ser un gesto pasivo, permitir que algo muera es, en muchos casos, el acto más radical de cuidado organizacional.

Ampliación del argumento: duelo, liderazgo y la muerte simbólica del padre

La renuncia a una práctica o estructura organizacional agotada no es solamente un acto táctico. En muchos casos, constituye un gesto identitario profundo que puede leerse como una muerte simbólica del padre. En términos freudianos, «matar al padre» no se refiere a violencia literal; alude al corte necesario con la figura que concentra el sentido, el poder o la ley originaria. Tal como plantea Lacan (1955), la entrada en el orden simbólico exige una separación constitutiva respecto a ese otro que organiza el deseo.

En el plano organizacional, el «padre» puede adoptar múltiples formas: el fundador carismático, la cultura fundacional, el estilo de liderazgo dominante o incluso un conjunto de valores convertidos en dogma. Permanecer fiel a esa figura más allá de su funcionalidad real conduce a una suerte de melancolía institucional: se sigue habitando una identidad que ya no responde al contexto ni al deseo actual del colectivo.

De este modo, el duelo no es únicamente un proceso de pérdida, también es una condición de posibilidad para el nacimiento de una nueva identidad organizacional. Implica decir: esto fuimos, pero ya no somos eso. El acto de «matar al padre» se vuelve entonces el correlato simbólico de un liderazgo que no teme desarmar la genealogía de la que él mismo proviene. Así entendido, el líder no es un heredero que conserva, sino un agente de ruptura que habilita lo nuevo a través del desplazamiento de lo viejo.

Este proceso es doloroso, pero también emancipador. Como advierte Cornelius Castoriadis (1975), toda institución contiene una dimensión «imaginaria instituyente» y otra «instituida». La transformación real solo ocurre cuando lo instituido cede ante lo instituyente, lo que requiere un vaciamiento de lo dado y, por tanto, una muerte simbólica de su principio autoritativo.

En consecuencia, el liderazgo no puede limitarse a la gestión de lo heredado. Su dimensión ética y política radica en saber cuándo es tiempo de interrumpir la continuidad y permitir que algo muera para que algo nuevo pueda nacer —aun si lo nuevo aún no tiene nombre—. Así, el líder se convierte no en garante de un linaje, sino en partero de una identidad por venir.

Organizar el infierno

Coda. La sustitución necesaria y el riesgo del líder inacabado

En los procesos de transformación institucional, reconocer que el «padre» debe morir —esa figura simbólica que encarna el orden anterior— es apenas el primer movimiento. Lo verdaderamente decisivo ocurre después: en la capacidad de ocupar ese vacío sin repetirlo, sin diluirse ni traicionar la promesa de lo nuevo.

El riesgo, como lo muestra la figura de Gregor Samsa en *La metamorfosis de Kafka* (1915), es el de quedar atrapado en una identidad interrumpida: ya no se es quien se era, pero tampoco se alcanza a ser otra cosa. El resultado es una transformación abortada, donde la forma anterior ha colapsado sin que emerja una alternativa viable. En términos organizacionales, esto se traduce en liderazgos débiles, que denuncian lo caduco sin atreverse a instituir lo distinto.

«Matar al padre» exige más que una negación o una crítica. Requiere una sustitución activa del principio de sentido que el padre representaba. El liderazgo que se limita a apuntar, pero no dispara, queda en el gesto impotente de quien ve el problema sin atreverse a encarnarlo. Disparar, aquí, no es un acto de violencia; constituye un gesto ético: asumir el riesgo de proponer, de fallar, de representar.

Por eso, el líder no es quien simplemente reconoce lo muerto, sino quien se atreve a nombrar lo aún innombrado. No basta con declarar el fin: es necesario gestar el comienzo.

Interludio. Dante y la travesía de matar al padre

La *Divina comedia* de Dante Alighieri, aunque formulada como un viaje espiritual, puede leerse también como una alegoría del proceso simbólico de «matar al padre». Esta expresión —de raigambre psicoanalítica— no remite aquí a la negación literal del progenitor, sino al gesto existencial de emanciparse del orden heredado para reconstruir un sentido propio del mundo.

Dante inicia su viaje en un mundo regido por figuras paternas absolutas: Dios como ley suprema, el Imperio como orden civil, la Iglesia como autoridad moral. Incluso Virgilio —guía racional y maestro clásico— actúa como una instancia de contención y de mediación simbólica. Pero pronto se revela que ese orden está corroído: los círculos del Infierno están poblados por papas corruptos, príncipes violentos y padres fallidos. En este descenso, Dante no solo observa el castigo de los otros; juzga críticamente el mundo que lo formó y se desidentifica de él.

El Infierno, en este sentido, opera como un acto de desobediencia interior: ya no basta con obedecer el dogma. Como en el gesto simbólico de matar al padre, el sujeto debe ver la ley como insuficiente, asumir la ruptura y renunciar a una identidad que ya no le permite habitar el mundo con verdad.

En el Purgatorio, este gesto se transforma en duelo. La renuncia no basta: hay que atravesar el dolor de haber creído, la nostalgia de lo perdido, la incertidumbre de lo que vendrá. Solo así puede surgir un yo transfigurado, ya no heredero pasivo, sino sujeto ético que elige.

Y en el Paraíso, finalmente, Dante no regresa al padre: regresa al origen desde otro lugar. La autoridad no desaparece, pero ya no es exterior ni impuesta: se vuelve visión interior, armonía conquistada. El sujeto que ha atravesado el Infierno no necesita repetir la ley: puede sustituirla desde el amor, desde la inteligencia espiritual, desde una nueva fundación simbólica.

Así, Dante realiza el gesto completo: no solo apunta al padre, lo atraviesa; no solo desobedece, se transforma; no solo rompe, sustituye. Y esa es, quizás, la travesía más compleja del liderazgo: desidentificarse de la forma antigua sin quedar paralizado y asumir el riesgo de fundar una forma nueva.

Analogía: sucesión mafiosa y el mito del padre muerto

En el universo simbólico de la mafia —y particularmente en *El padrino*—, el poder no se transfiere simplemente: se toma, se usurpa o se hereda a través de un acto que implica ruptura, sangre o traición. La figura del Don representa, además de un liderazgo político o económico, una paternidad simbólica: el garante del orden, el que «cuida», el que otorga y castiga. Pero cuando ese padre envejece, enferma o se vuelve obsoleto, ya no puede sostener el equilibrio.

En este punto, la continuidad de la organización exige su desplazamiento, y aquí se instala el dilema central: ¿cómo sustituir al padre sin destruir la estructura que él mismo fundó?

En la mafia —a diferencia del proceso legítimo de sucesión institucional—, el traspaso de poder ocurre a través de un acto de afirmación violenta o estratégica: alguien debe matar, metafórica o literalmente, al padre o al modelo que este encarnaba. En *El padrino*, Michael Corleone no solo hereda el poder; lo toma a costa de traicionar la voluntad del padre, transformando radicalmente el sentido de la organización. Don Vito deseaba preservar la familia; Michael la convierte en un imperio del miedo. Aquí no hay duelo; hay sustitución sin redención. Es una usurpación que conserva la forma, pero vacía el alma.

Este gesto refleja una patología del liderazgo: la sustitución del padre sin elaboración del duelo. En lugar de transformar la estructura para que sobreviva con otro espíritu, el nuevo líder reafirma el modelo anterior de poder —pero lo endurece, lo absolutiza—. La transición se convierte así en repetición cínica.

La analogía es clara: en organizaciones —no solo mafiosas, también empresariales o políticas— puede haber «sucesiones» que no son verdaderos relevos simbólicos, sino simulacros de transformación donde lo nuevo perpetúa lo viejo con mayor cinismo o eficacia. Se mata al padre, si bien, se hereda su forma, no su espíritu.

Frente a esto, la figura del líder ético —como en Dante, o como en quien dispara el gatillo simbólico, pero luego sustituye con responsabilidad— no usurpa: ocupa el lugar con conciencia de su fragilidad, de su finitud, de su deuda con lo que fue. No lidera por derecho de sangre ni por venganza; lo hace porque ha atravesado el abismo y puede habitar el umbral sin temblar.

Analogía: chimpancés, poder y el relevo violento del alfa

En las comunidades de chimpancés, el liderazgo —o, más precisamente, la dominancia— no está regido por principios normativos, sino por una combinación compleja de fuerza, alianzas, intimidación y capacidad de cuidar. El macho alfa no es solo el más fuerte: es quien mejor gestiona las tensiones internas, protege a las crías y mantiene un equilibrio entre agresión y contención. Pero este equilibrio es inestable. El poder en los chimpancés no se hereda: se disputa. Y se toma.

Cuando el alfa envejece o comienza a fallar en su rol de contención, otros machos se organizan —explícita o tácitamente— para desafiar su autoridad. Lo que sigue rara vez es simbólico: se trata de actos de agresión, aislamiento o humillación pública que desplazan al líder anterior. En ocasiones, la caída es tan brutal que termina en expulsión o muerte.

En términos simbólicos, este momento es análogo al de «matar al padre»: el líder ya no puede sostener la comunidad, y su permanencia representa una amenaza para el orden. El acto de reemplazo no es una elección moral, es una urgencia evolutiva. La estructura no puede quedarse sin cabeza, pero tampoco puede sostener a un líder débil.

Sin embargo, la figura que asciende también carga con un dilema: si repite el modelo de dominancia anterior sin reformularlo, su liderazgo será tan efímero como violento. Algunos estudios (como los de Frans de Waal) muestran que los alfas más duraderos no son los más agresivos, sino los que, tras conquistar el poder, son capaces de ejercerlo con capacidad de cuidado y negociación.

Aquí se dibuja la analogía: en organizaciones humanas, como en grupos de primates, la caída del líder —el «padre»— no es suficiente. El que lo reemplaza debe poder ocupar el lugar con legitimidad, no solo con fuerza. El gesto fundacional no está en la destitución; se encuentra en la capacidad de sostener el grupo de una manera distinta, con nuevos pactos, nuevos vínculos y otro modo de ejercer el poder.

Si se sustituye al líder solo para repetir su patrón, el ciclo se vuelve eterno: violencia, reemplazo, nueva violencia. La verdadera transformación exige no solo matar al padre, también reimaginar la relación entre poder, comunidad y cuidado.

Epílogo. Desde las empresas hasta las copas de los árboles

Desde las organizaciones empresariales más sofisticadas hasta las copas de los árboles donde los chimpancés disputan el liderazgo; desde los pasillos silenciosos del *burnout* corporativo hasta los códigos rituales de las mafias; desde los círculos del Infierno dantesco hasta los sótanos simbólicos donde se gestan las traiciones: lo cierto es que alguien, en algún momento, dispara.

Ese disparo —real o simbólico— no es meramente un acto de poder, sino un umbral. Marca el fin de un ciclo, la caída de una forma, la muerte de un mandato. Pero su sentido no se agota en la caída: lo que importa es lo que ocurre después. Porque cualquiera puede matar al padre; pocos logran sustituirlo sin repetirlo.

El liderazgo auténtico no surge del resentimiento, ni de la condescendencia moral, ni de la necesidad de venganza. No cabe la pena, porque esta, como afecto que idealiza el pasado o humilla al vencido, es el motor silencioso de la injusticia y la reproducción del poder sin conciencia. La pena se disfraza de ética, pero conserva el orden. Solo quien actúa sin pena ni revancha puede fundar algo distinto.

Liderar, entonces, además de derribar lo anterior, consiste en encarnar una nueva forma de vínculo, de poder, de sentido. No como prolongación del linaje, sino como interrupción fecunda. No como heredero, sino como fundador. Quien lidera no es quien sobrevive al disparo, es el capaz de sostener el vacío sin replicar la violencia que lo hizo posible.

Y en ese espacio, sostenido entre la caída y la creación, es donde ocurre lo verdaderamente político.

NOTA DEL AUTOR

He dedicado mi vida al mundo de la empresa. Lo hice con intensidad, con compromiso y con una cuota razonable de éxito. Ahora, mientras me mece el tiempo, he decidido sentarme a mirar con más distancia lo vivido.

Este libro no surge de una vocación literaria. No soy escritor ni pretendo serlo. Nace del deseo de trasladar una experiencia, y si al hacerlo otros pueden también reconocerse, o incluso incomodarse, entonces es suficiente.

Aquí no encontrarás fórmulas, modelos ni manuales. Solo hay escenas, traiciones, duelos, fragmentos y algunas cicatrices, tal como los viví.

«Dicen que la curiosidad mató al gato. No sé si al gato, pero sí mató a este vato».

De modo que: «**Solo os pido, por vuestra santa madre, que seáis felices... y a mí dejéis ya de chingarme**».

NOTA SOBRE EL PROCESO DE ESCRITURA

Organizar el infierno se escribió con el apoyo de herramientas de inteligencia artificial. No para reemplazar el pensamiento ni para maquinar un estilo, sino para acompañar el gesto de escribir: como un editor invisible, un archivo flotante de conceptos, una máquina de resonancia. La IA no produjo las ideas ni el lenguaje. Tampoco pensó en el texto. Se usó como un recurso para facilitar conexiones, afinar frases, contrastar posibilidades.

El núcleo de este ensayo —su mirada sobre el orden, su lectura del poder, su tono— es completamente autoral. Cada afirmación, cada giro, cada frase cargada de sentido fue decidida. El texto no fue generado: fue dirigido, con la tecnología como interlocutora, no como fuente.

En un mundo que tiende a estetizar lo automático, este texto es el intento de usar la técnica sin cederle el pensamiento. No se trata de celebrar la herramienta ni de ocultarla, sino de mostrar que también es posible escribir con ella sin rendirse a ella.

En cualquier caso, nada alejado a Lope de Vega, quien vino a decir: «Compongo porque leo, imito lo que leo, escribo lo que imito y tacho lo que escribo».

BIBLIOGRAFÍA

Dante Alighieri – *Divina comedia*
Michel Foucault – *Vigilar y castigar; Microfísica del poder*
Jacques Lacan – *Escritos; El seminario*, Libro XI
Sigmund Freud – *El malestar en la cultura; Totem y tabú*
Carl Gustav Jung – *El yo y el inconsciente*
Cornelius Castoriadis – *La institución imaginaria de la sociedad*
Judith Butler – *El género en disputa*
Zygmunt Bauman – *Modernidad líquida; Miedo líquido*
Byung-Chul Han – *La sociedad del cansancio; Topología de la violencia*
Erich Fromm – *El miedo a la libertad*
Carl Schmitt – *El concepto de lo político*
Jacques Derrida – *La escritura y la diferencia*
Franz Kafka – *El proceso*
Julio Cortázar – *Historias de cronopios y de famas*
Umberto Eco – *La estructura ausente; Los límites de la interpretación*
Santiago Posteguillo – *El sueño de los héroes* (sobre Escipión)
Niccolò Maquiavelo – *El príncipe*
Hannah Arendt – *Los orígenes del totalitarismo; La condición humana*
Thomas Hobbes – *Leviatán*
Trilogía *El padrino* – Dir. Francis Ford Coppola
Goodfellas (*Uno de los nuestros*) – Dir. Martin Scorsese
Calle 13 – Letra de la canción *Idiota*
Cerbero, Caronte, Hades, Satán, Lucifer – Mitología grecorromana y cristiana
Virgilio – *Eneida* (guía de Dante en la *Divina comedia*)
Ulises – *Odisea*, de Homero
Trinidad – Concepto teológico cristiano

Organizar el infierno

Frans de Waal – *El mono que llevamos dentro; La política de los chimpancés*
Jane Goodall – *En la senda de los hombres*